KB138359

울림이 있는 말의 원칙

울림이 있는

말의 원칙

 나무생각

아오키 사토시 지음 | 이정환 옮김

여기에 사람의 마음을 움직이는 울림 있는 말의 원칙이 담겨 있다. 사람을 움직이는 말이 있고 사람을 죽이는 말이 있다. 따라서 말을 컨트롤할 수 있다면 인생을 자유롭게 디자인할 수도 있다. 중요한 부분은 '누가' 그 말을 사용하는가 하는 것이다. 듣는 사람의 입장에서는 말의 내용 이상으로 그 말을 하는 사람이 중요하다. 골프를 한 번도 쳐본 적이 없는 사람에게 골프를 배우고 싶어 하는 사람은 없다. 영어를 할 줄 모르는 사람에게 영어 레슨을 받고 싶어 하는 사람은 없다. 마찬가지로 영업을 할 줄 모르는 사람에게 영업을 배우고 싶어 하는 사람도 없을 것이다.

말은 단순한 소리이기도 하다. 자칫하면 '의미 없는 허상'이 될 수도 있다. 실제로 성과를 가진 사람이 말을 해야 그 말이

'의미 있는 언어'로 상대에게 전달된다. 예를 들어 타이거 우즈가 골프 레슨을 한다면 그 레슨을 듣는 사람에게는 타이거 우즈의 말 한마디가 '천 냥의 가치'가 있을 것이다. 이런 상황에서는 화술의 좋고 나쁨 따위는 상관없다. 이것이 울림 있는 말의 중요한 포인트다.

'프로 스피커(pro speaker)'라는 내 직업은 말을 도구로 삼아 하는 일이다. 따라서 내 주위에는 마케터, 매니저, 강사, 경영자, 전문직 종사자나 지망자들이 모여 있다. 사람은 모름지기 사람들 틈에서 살아가는 존재이기 때문에 다른 사람의 능력을 활용할 줄 알아야 풍요로운 삶을 누릴 수 있다. 어떻게 생각하면 그저 지시를 받고 책임을 지지 않는 위치에서 살아가는 것이 편해 보일 수도 있지만 다른 사람이 시키는 대로만 움직이면, 책임은 따르지 않을 수 있어도 경제적인 풍요로움 역시 누릴 수 없다. 따라서 자신의 일이나 행동에 얼마나 책임을 질 수 있는 사람이 되는가 하는 것이 능력 개발의 초석이다.

마음이 풍요로워야 경제적으로도 풍요로운 삶을 누릴 수 있다. 매력적인 사람, 성공한 사람은 항상 주는 것을 먼저 생각하고 나서 자신의 바람이 이루어지기를 바란다. 반대로 풍요로운 생활을 하기 위해 자신에게 유리한 커뮤니케이션을 구성하거나 상대를 조종하려는 사람의 이야기는 설득력이 없고 결국 밑천이 드러나게 되어 있다.

사람은 원래 자기 자신에게 가장 관심이 많다. 따라서 상대가 관심을 가질 수 있는 이야기를 해야 공감을 얻을 수 있다. 다시 말하자면 상대에게 도움이 되는 사람이 되었을 때 비로소 그에게 영향력을 발휘할 수 있다.

따지고 보면, 인생의 성공이나 행복은 커뮤니케이션 능력에 달려 있다. 따라서 사람들과 원만한 관계를 유지하고 있다면 거의 성공한 인생이라고 말할 수 있다. 실제로 우리 주변을 둘러보면 많은 사람들이 인간관계 때문에 고민하고 자신이 원치 않는 불행한 선택을 하고 있다.

나는 이 책에 울림이 있는 말의 핵심인 '전달력'을 토대로 하여 커뮤니케이션의 기본적인 원칙들을 정리했다. 실질적인 경험을 통해 그동안 내 나름대로 배양해온 말의 원칙들이다.

프로 스피커로 일해온 지 어느덧 40년의 세월이 훌쩍 지났다. 그동안 34만 명이 넘는 사람들에게 나는 스피치에 대한 메시지를 꾸준히 전달해왔다. 나는 스피치의 생명은 울림이 있는 말에 있다고 믿는다. 세상에는 사람들에게 도움이 되는 다양한 정보를 가지고 있으면서도 잘 전달하지 못하는 사람들이 많다. 이 책은 자신의 마음이나 생각을 상대에게 울림 있게 전달하지 못해서 고민하는 사람, 그리고 좀 더 적절하게 전달하기 위해 고민하는 사람들을 위해 쓴 것이다.

아오키 사토시

차례

1장

울림이 있는 말의 원칙 1

상대를 중심에 놓고 말한다

2장

울림이 있는 말의 원칙 2

오감으로 마음을 잡는다

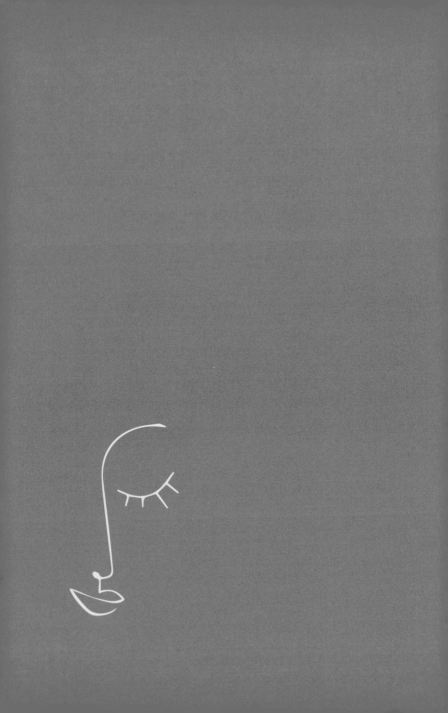

상대를 중심에
놓고 말한다

사람은 누구나 자기만의
'좋은 세계'가 있다

상대의 '좋은 세계'에 존재하는 것을
대화의 중심에 두면 상대가 끌려온다.

"사회에 진출해서 성공을 거둔 사람이라고 해서 모두 어린 시절에 공부를 잘했던 건 아니에요. 친구와 사이좋게 지내고 팀을 이끄는 커뮤니케이션 능력이 뛰어난 아이들이 커서 성공한 경우가 더 많아요."

어느 유치원 선생님에게 들은 이야기다. 맞는 말이라는 생각이 들었다. 나의 인생을 돌아봐도 그렇다. 나는 결코 공부를 잘하는 아이가 아니었다. 가정환경이 공부에 집중할 수 있는 상황도 아니었다. 아침 일찍부터 신문 배달을 했고 낮에도 집안 사정 때문에 느껴지는 외로움으로 인해 공부보다는 친구들과 함께 밖에서 놀면서 보내는 시간이 더 많았다. 그러다 저녁이 되면 다시 신문 배달을 했다.

그러한 성장기를 지나며 나는 남보다 일찍 철이 들었고, 사회생활을 하면서 원만한 인간관계의 중요성에 관심을 갖게 되었다. 어떻게 하면 상대에게 나의 마음을 잘 전달하고, 어떻게 하면 상대의 마음을 헤아릴 수 있는지 주의를 기울였는데, 이러한 습관들이 '마음의 성장'에 많은 도움이 되었다.

인재 교육 컨설팅 회사를 창업한 지 30여 년째, 인재 교육 전문가로서 그동안 연인원 34만 명 이상을 꾸준히 연수해왔는데 그 뿌리에는 이 책의 주제인 울림, 즉 '전달력'이 존재한다.

전달력을 더 풀어서 말하자면 '상대방에게 무엇인가를 전달하여 그를 움직이는 힘'이라고 표현할 수 있다. 또는 '사람들과 힘을 합하여 일을 성사시켜 나가는 능력'이라고 표현할 수 있다.

십 대의 나이에 사회에 진출하여 세일즈맨으로 경력을 쌓고 주변 사람들보다 더 높은 실적을 올릴 수 있게 된 것은 오랜 영업 활동을 통하여 '전달력', 즉 '사람을 움직이는 능력'을 갖출 수 있었기 때문이다. 어느 시기가 되자 나는 회사 내에서 판매왕이 되었고, 얼마 지나지 않아서는 최연소 마케팅 매니저로 발탁되었다. 나의 지식, 기술, 경험을 부하 직원에게 전달하는 단계로 접어든 것이다.

세일즈의 성패를 이야기할 때 빼놓을 수 없는 것이 마음가짐이다. 나는 부하 직원들이 '회사', '상품', '직업', '자신'에 대하여 절대적인 자신감을 가질 수 있도록 매일 아침 나의 실제 경험과 성공의 원칙을 이야기하고 트레이닝을 시켰다. 영업 활동을 일찍 끝내고 돌아온 부하 직원에게는 개별적으로 저녁 늦게까지 카운슬링을 실행했고, 그 후에도 사무실에 혼자 남아 밤늦게까지 트레이닝 원고를 작성했다. 이른바 나는 부하 직원들을 대상으로 "이 일을 통해서 성공할 수 있다!"라는 확신을 팔고 있었다.

당시에 내가 근무하던 브리태니커는 142개국에 판매 조직을 구축하고 세계적인 규모로 엄청난 실적을 올리고 있었다. 매일 세 시간에 가까운 나의 트레이닝을 통해 자연스럽게 직원들의 영업력은 향상되었고, 세계 최고 타이틀에 해당하는 '국제신인상(New Career Award)'을 받은 직원을 두 명이나 키워냈다. 2위, 3위를 한 직원도 잇달아 배출함으로써 나는 매니저로서도 화려한 타이틀을 획득할 수 있었다. 단언컨대, 내가 최선을 다하는 세일즈맨이었기 때문에 우수한 매니저가 될 수 있었다고 생각한다.

사람을 움직이는 말의 원칙은 전달하고 싶은 내용에 대하여

100%의 확신을 가지는 것이다. 그리고 상대로부터 "이 사람은 느낌이 좋다.", "내 인생의 질을 높여줄 것이다.", "이 사람의 충고는 믿을 수 있다." 등과 같은 호감을 얻는 것이다. 거기서부터 신뢰 관계를 만들어나갈 수 있으면 점차 신용이 높아지고 협력자들도 늘어갈 것이다. 그러나 거기까지 도달하지 못한다면 커뮤니케이션은 단순한 '화술' 수준에 머물 뿐이지 울림이 있는 '전달력'을 발휘하고 있다고 말하기는 어렵다.

전달력은 눈에 보이지 않는 능력이기 때문에 설명하기가 쉽지 않다. 하지만 일반 화술과 전달력 있는 말의 차이를 해명해보려는 것이 이 책의 시도이고 목적이다. 예를 들어 의사라고 해서 모두가 프레젠테이션의 달인은 아니다. 그러나 많은 환자들이 의사의 말에 고개를 끄덕인다. 의사라는 직업 그 자체에 "나를 지켜주고 내게 있는 문제를 해결해준다."라는 절대적인 신뢰가 전제로 깔려 있기 때문이다. 이처럼 '상대의 입장에 서서 문제를 해결해준다', '상대의 바람을 들어준다', '상대를 기쁘게 해준다'는 식으로 상대를 중심에 놓는 사고방식이 '전달력'이 있는 커뮤니케이션의 본질이다.

"무슨 일이건 남에게 대접을 받고자 하는 대로 너희도 남을 대접하라."라는 황금률은 성경에 등장하는 말이지만 이것이야말로 커뮤니케이션의 기본 자세다. 이 황금률을 실천하는 사람 중에 빈곤한 인생을 보내는 사람은 없을 것이다. 마찬가지로 커뮤니케이션 능력을 잘 연마하면 누구나 물질적으로는 물론 정신적으로도 풍요로운 인생을 보낼 수 있다.

한 사람이 할 수 있는 일은 한정되어 있다. 아무리 많은 지식을 갖추고 있다고 해도, 아무리 뛰어난 능력을 갖추고 있다고 해도 다른 사람들과 협력할 수 없다면 불평과 불신이 더해져 결과적으로 '불행'한 인생이 된다.

대화의 능력은 '인간력' 그 자체다. 반복해서 말하지만 커뮤니케이션은 상대에 대한 배려에서부터 출발한다는 점을 반드시 마음에 새겨두기 바란다.

흔히 "내 생각과 뜻을 말로 전달하고 싶은 마음은 있는데 절반밖에 전달할 수 없다."라며 고민하는 사람이 있다. '전달한다'는 것은 단어를 나열하는 것이 아니다. 상대가 원하는 것에 초점을 맞추어야 비로소 '전달한다'는 행위가 성립된다. 세일즈 세계에서는 영어로 "No needs, no presentation!"이라는 말이 있다. "욕구가 없으면 설명도 필요 없다."라는 의미다. 다시 말하면 상대의 욕구에 초점을 맞추란 이야기다. 말을 하는 사람은 '이 사람은 무엇을 원하고 있는가?', '이 사람은 어떤 결과를 생각하고 있는가?'를 탐색하면서 상대가 '원하는 것

(Wants)'에 대화의 중심을 맞추어야 한다.

커뮤니케이션에 문제가 있는 사람은 대부분 자신의 바람만을 상대에게 늘어놓는다. 하지만 울림이 있는 '전달력'을 갖춘 사람은 불필요한 말은 하지 않는다. 상대의 이야기를 귀 기울여 들으면서 자신이 전달하려는 내용과 상대가 원하는 것의 균형을 포착한 뒤, 그 사람의 흥미나 관심이 있는 화제를 이끌어내면서 그 수준에 맞게 이야기를 한다. 그야말로 사람을 보고 대화를 풀어나가는 것이다.

상대가 원하는 것, 지적 능력, 경험에 맞추지 않으면 어떤 의욕이나 열의가 있을지라도 공회전만 할 뿐이다. 또 아무리 열정을 가지고 말해도 상대의 그릇 크기에 담을 수 있는 내용만 전달될 뿐이다. 이 단순한 원칙을 알아야 한다. 아이와의 대화를 생각하면 이 부분은 쉽게 이해할 수 있을 것이다.

자신이 말하는 것을 다른 사람이 알아듣기를 바란다면 다음에 열거하는 일곱 가지 포인트를 잊어서는 안 된다.

1. 상대의 수준에 맞는 이야기를 한다.
2. 상대의 원트(Wants)에 초점을 맞추어 이야기한다.
3. 상대의 눈을 보고 이야기한다.
4. 내가 전달하고 싶은 내용과 상대가 바라는 것은 다를 수

있다는 사실을 명심한다.

5. 일방적으로 이야기하지 않는다.

6. 논리적으로 이야기한다.

7. 비유나 인용을 활용해서 상대가 이미지를 떠올리기 쉽도록 이야기한다.

뒤에서 자세히 설명하겠지만 이 일곱 가지 포인트야말로 전달력을 갖추기 위한 대원칙이다.

상대의 바람을 알아내는 방법은 심리학에서 말하는 '자극 반응 이론'으로 설명할 수 있다. 이 이론의 토대는 '외부로부터 뇌로 들어오는 정보가 사람을 움직이는 근원이다.'라는 사고방식에 있다.

반면 우리 회사의 연수에서 기초 이론으로 활용하고 있는 것은 '선택 이론'이다. 선택 이론을 제기한 미국의 저명한 정신과 의사 윌리엄 글래서(William Glasser) 박사는 "인간은 뇌 속에 있는 유전자의 지시를 충족시키기 위해 행동하는 존재다."라고 말한다. 글래서 박사에 의하면 이 유전자는 '다섯 가지 기본적 욕구'로 분류할 수 있는데, 다음과 같이 손가락을 이용하여 외워두도록 하자.

엄지손가락 : 생존 욕구

건강이나 신체의 안전, 장수에 대한 욕구, 질병에 걸리고 싶지 않은 욕구에 해당한다. 다섯 가지 욕구 중에서 유일하게 신체에 관한 욕구다.

집게손가락 : 사랑과 소속에 관한 욕구

사랑하고 사랑받고 싶은 욕구, 사람으로서 친구나 동료의 그룹에 소속되고 싶은 욕구에 해당한다.

가운뎃손가락 : 능력에 대한 욕구

신분이나 지위에 대한 욕구, 인정받고 싶은 욕구, 다른 사람이나 사물을 컨트롤하고 싶은 욕구에 해당한다.

약손가락 : 자유에 대한 욕구

다른 사람에게 구속당하고 싶지 않은 마음의 해방, 경제적 자유, 진정한 의미에서의 자유를 추구하는 욕구에 해당한다.

새끼손가락 : 즐거움에 대한 욕구

기쁨이나 즐거움, 유흥이나 취미에 대한 욕구에 해당한다. 지적인 욕구도 여기에 포함된다.

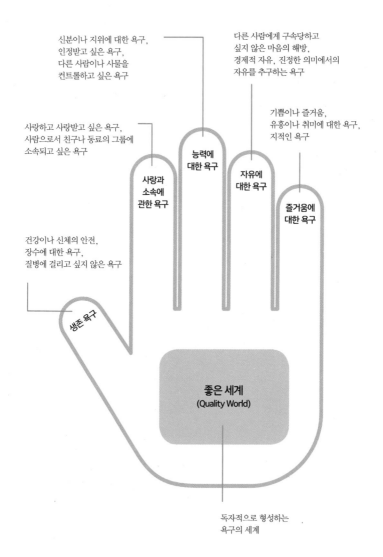

신분이나 지위에 대한 욕구,
인정받고 싶은 욕구,
다른 사람이나 사물을
컨트롤하고 싶은 욕구

다른 사람에게 구속당하고
싶지 않은 마음의 해방,
경제적 자유, 진정한 의미에서의
자유를 추구하는 욕구

기쁨이나 즐거움,
유흥이나 취미에 대한 욕구,
지적인 욕구

사랑하고 사랑받고 싶은 욕구,
사람으로서 친구나 동료의 그룹에
소속되고 싶은 욕구

능력에
대한 욕구

자유에
대한 욕구

사랑과
소속에
관한 욕구

즐거움에
대한 욕구

건강이나 신체의 안전,
장수에 대한 욕구,
질병에 걸리고 싶지 않은 욕구

생존 욕구

좋은 세계
(Quality World)

독자적으로 형성하는
욕구의 세계

이 '다섯 가지 기본적인 욕구'는 유전자로부터 발생하는 것
이라고 생각하면 이해하기 쉽다. 누구나 천성적으로 가지고
있는 욕구다. 사람은 이런 욕구들을 충족시키는 사람, 물질,
상황, 이상, 가치관, 종교관 등의 이미지를 뇌에 축적하면서 성
장해간다. 그것이 '좋은 세계(Quality World)'라고 불리는, 그
사람이 독자적으로 형성하는 욕구의 세계다. 기본적인 욕구를
다섯 손가락을 이용해서 외우듯 이 내용은 손바닥에 적용하
면 이해하기 쉽다.

사람은 자기만의 '좋은 세계'에 존재하는 것, 자기의 욕구와
관계있는 것에만 관심을 기울이기 때문에 상대의 '좋은 세계'
에 존재하지 않는 것은 아무리 열변을 토하면서 설명한다 하
더라도 반응을 이끌어내기는 어렵다. 반대로 상대의 '좋은 세
계'에 존재하는 것을 대화나 화제의 중심에 두면 상대가 끌
려오게 되어 있다. 이것을 다른 측면에서 생각하면 '메리트
(merit; 이익)', '디메리트(dimerit; 불리)'라고 바꾸어 말할 수 있
다. 사람은 그 이야기가 자신의 '좋은 세계'를 충족시키는 데
도움이 되는가, 즉 메리트가 있는가를 순간적으로 판단하면
서 이야기를 듣는다. 또 "이대로 가면 문제가 발생할 것이다.",
"나에게 손실이 발생할 가능성이 있다."라는 신변의 위험에 관

한 이야기에도 진지하게 귀를 기울인다.

나는 이런 심리학적 배경을 충분히 이해한 상태에서 프로 스피커로서 다음의 다섯 가지에 신경 쓰며 이야기하고 있다.

1. 상대의 욕구에 초점을 맞춘 이야기를 한다.
2. 사람의 좌뇌는 논리를 담당하고 우뇌는 이미지를 담당한다는 점을 항상 의식한다. 사람은 귀로 말을 듣지만 뇌에는 그 상황이 영상으로 떠오른다. 따라서 이미지가 떠오르지 않는 이야기를 해서는 사람을 움직일 수 없다.
3. 상대에게 공명, 공감을 얻기 위해 이야기의 내용을 확실하게 숙지해둔다.
4. 화제의 선택이나 배열에 신경을 쓴다.
5. 감동이나 느낌을 솔직하게 표현한다.

이 다섯 가지를 유념하고 대화를 하면 상대는 반드시 움직인다. 사람은 자신과 관계가 없는 이야기에는 흥미를 느끼지 않고 관심을 기울이지 않는 존재다. 이 사실을 충분히 이해하고 커뮤니케이션을 하는 것이 '전달력'을 높이는 비결이다.

작은 에티켓으로
전달력을 높인다

반드시 상대의 눈을 보고 이야기해야 한다.
눈을 보고 말하면 상대도 나에게 집중한다.

커뮤니케이션에 자신이 없는 사람들이 반드시 체크해야 할 일곱 가지 포인트가 있다. 만약 이 가운데 하나라도 적용되는 부분이 있다면 반드시 개선하기 바란다. 그렇게 하면 마치 안개가 걷히듯 당신 앞에 서 있는 상대의 표정 또한 바뀔 것이다.

체크포인트 1_ 같은 눈높이로 말한다

사람을 내려다보는 시선으로 말을 한다면 당연히 대화는 길게 이어질 수 없다. 상대를 무시하거나 낮추어 보는 마음은 말로 표현하지 않아도 상대에게 전해진다. 조금이라도 그런 마음이 있다면 '이 사람은 열심히 이야기하고는 있지만 기분이 나쁘다.'라고 생각되기 때문에 말을 하는 사람과 듣는 사람 사이에 장벽이 만들어질 수밖에 없다.

체크포인트 2_ 말을 할 때의 버릇을 점검한다

어떤 사람이든 나름대로 다양한 버릇이 있다. 어쩌면 스스로 인지하지 못하고 있던 말버릇이 전달력을 떨어트리는 원인으로 작용할지도 모른다. 이야기를 하는 도중에 "어….", "그게…."라는 쓸데없는 말이 반복적으로 들어가는 경우도 있고, 이른바 특유의 '말버릇'을 가진 경우도 있다. 자신의 말버릇이 귀에 거슬리지 않는지 점검해보고 문제가 있다면 개선해야 한다. 대화를 할 때나 프레젠테이션을 할 때 녹음을 해서 객관적으로 들어보는 것도 좋은 방법이다.

체크포인트 3_ 말의 속도를 점검한다

스피치 전문가는 1분 동안에 370자 정도의 속도로 이야기를 한다. 속도를 약간 늦춘다면 320자 정도다. 1분을 기준으로 이야기를 해보고 그것을 글로 옮겨 문자수를 점검해보자. 나도 이 방법으로 말하는 속도를 연마해왔다.

반드시 상대의 눈을 보고 이야기해야 한다. 눈을 보고 말하면 상대도 나에게 집중을 한다. 내가 젊은 시절에 읽은 마케팅 서적에 "눈을 보고 이야기하면 적대감이 전해지기 때문에 코를 보고 이야기하는 것이 좋다."라는 내용이 씌어 있는 것을 보고 웃음을 터뜨린 적이 있다. 실적이 좋은 세일즈맨이라면 코를 보고 대화를 해서는 절대로 'YES'를 받아낼 수 없다는 사실을 잘 알 것이다. 대화를 할 때에는 상대를 배려하는 마음으로 눈을 똑바로 바라보고 진심으로 이야기해야 자신의 뜻을 올바르게 전할 수 있다. 자신의 강한 의지와 확신이 전달되어야 비로소 'YES'라는 대답을 받아낼 수 있는 것이다. 만약 영업직에 근무하고 있다면 한번 시험 삼아 코를 보고 대화를 나누어보라. 상대는 당신의 시선을 깨닫는 순간, '코털이라도 삐져나왔나?', '코에 뭐가 붙어 있나?' 하고 다른 부분에 신경을 쓰게 될 것이다.

사람과 사람은 정면으로 눈과 눈을 바라보고 커뮤니케이션을 주고받는 존재다. 자녀와 대화를 나눌 때 눈을 보지 않고 이야기하는 부모가 있을까. 연인에게 프러포즈할 때 눈을 보지 않는 사람이 있을까. 듣는 사람과는 반드시 눈과 눈을 마주해야 성실함과 진지함이 전달된다.

체크포인트 5_ 침착함과 친근감을 느끼게 해야 한다

말을 하는 사람이 긴장해서 물건을 만지작거리거나 불안한 태도로 이야기할 경우, 그 어색하고 불안한 분위기는 상대에게도 전염된다. 따라서 상대는 빨리 자리를 뜨고 싶어 할 가능성도 있다. 친근감을 느끼게 하는 태도는 간단하다. 우선, 마음에서 우러나오는 미소를 보여주어라.

체크포인트 6_ 몸을 약간 앞으로 기울인 자세로 앉는다

앉는 방법을 의식하고 있는 사람은 많지 않다. 독자 여러분은 어떤가. 의자의 3분의 1 정도 위치에 엉덩이를 걸치고 약간 앞으로 기울인 자세로 이야기하는 것이 바람직하다. 의자 깊숙이 엉덩이를 집어넣고 상체를 뒤로 젖히거나 다리를 꼬는 자세는 어지간히 친한 사람이 아니라면 절대로 취해서는 안 되는 자세다. 앞으로 약간 기울인 자세야말로 '기(氣)'가 들어간다. 서서 이야기를 하는 경우에도 나는 발바닥 전체가 아니라 앞부분에 60% 정도의 무게를 싣는다. 그래야 기의 흐름이 좋다는 사실을 실질적인 경험을 통해서 알고 있기 때문이다.

체크포인트 7_ 자신에 대해 부정적 표현을 하지 않는다

뜻밖에도 이 부분을 잘 모르는 사람들이 많다. 개업식에서 인사말을 의뢰받은 사람이 "저는 사장 ○○의 삼촌 되는 ○○입니다. 저는 말을 잘 못해서 자칭 '전국에서 가장 말을 못하는 사람'이라고 합니다. 그럼에도 불구하고….'라는 식으로 변명하듯 서두를 길게 끄집어낸 뒤에 "그래도 부탁을 받았기 때문에 한마디 축하 인사를 하겠습니다."라고 말을 잇는다고 생각해보자. 부정적인 말을 늘어놓은 뒤에 축하를 한다면 듣는 쪽은 초조하고 답답할 뿐이다.

이럴 때에는 "사장 ○○의 삼촌 되는 ○○입니다. 개업을 진심으로 축하합니다! 저의 조카 ○○의 회사 개업식에서 축하 인사를 하게 되어 정말 기쁘게 생각합니다…'라고 직접적으로 자신의 감동을 전달하는 쪽이 청중의 마음을 편하고 즐겁게 만들어줄 뿐 아니라 그들의 마음을 끌어들일 수 있다.

겸손이 부정적으로 받아들여지는 경우도 있다는 사실을 기억하자. 어쩌면 여러분도 비슷한 경험을 한두 번쯤 했을 것이다.

나의 바람보다는
상대의 바람에 집중한다

긴장이나 흥분을 막으려면 나를 버리고
'포 유(For You)'의 정신으로 이야기한다.

나는 2만 명 앞에서 강연을 한 적도 있다. "그런 자리에서는 긴장이 되지 않습니까?"라는 질문을 받곤 하는데, 내 입장에서는 2만 명 앞이건 한 사람 앞이건 마찬가지다. 이야기를 할 때에는 인원수에 관계없이 상대를 중심에 놓아야 한다. 나는 오직 그 부분에 집중한다. 일단 이야기가 시작되면 인원수는 상관없다. 전하고 싶은 내용을 명확하게 인지하고 지금까지 축적해온 경험, 지금 가지고 있는 모든 지식을 상대에게 전달하는 데 집중한다. 기본 원칙은 눈앞의 사람들을 위해 무엇을 전달해야 가장 기뻐할 것인가에 집중하는 것이다.

자기 자신에게 정신이 향하면, 다시 말해서 '강연을 잘해야 하는데…', '좋은 강연이었다는 감동을 주고 싶은데…'라고 생각하다 보면 긴장할 수밖에 없다. 자신의 내부로 향하는 쓸데없는 기를 해방시킬 수 있어야 하고 싶은 이야기를 정확하게 전달할 수 있다.

울림이 있는 말하기란, 상대의 욕구를 자신의 욕구로 만드는 것이다. 나는 이것에 대해 흔히 "자아의 벽을 허물어버리십시오."라고 말한다. 긴장이나 흥분을 막으려면 자아, 즉 나를 버리고 '포 유(For You)'의 정신으로 이야기하면 된다. 언어는 도구이며, 말은 목적을 위한 수단에 지나지 않는다.

"상대가 행동으로 옮기도록 하는 것이 목적인가?"
"정보를 전달하는 것이 목적인가?"
"나의 이야기를 하는 것이 목적인가?"

각각의 목적에 따라 이야기의 구성은 당연히 달라진다. 세일즈맨이라면 마지막에는 상품을 구매하도록 유도하는 프레젠테이션을 조합할 것이다. 이 경우에는 상대의 행동(액션)을 이끌어내야 완결된다.

'정보를 전달하는 것'이 목적이라면 정보를 올바르게 전달하기 위해 노력하고 최종적으로 상대가 '이해했다'는 확인이 필요하다. 뉴스 아나운서는 자신의 주관은 포함하지 않고 사실만을 전한다. 한정된 시간 안에 올바른 화술, 올바른 언어로 정확하게 정보를 전달하는 것이 아나운서의 일이기 때문이다.

목적에 따라 이야기의 구성뿐 아니라 스타일도 바뀐다. 나는 강연을 할 때 스테이지에 연단을 놓지 않는 경우가 많다. 장소를 넓게 사용해서 몸 전체로 이야기하기 위해서다. 이른바 퍼포먼스 형태를 취해서 청중의 모티베이션(motivation; 동기 부여, 자극)을 높이는 것을 목적으로 한다. 하지만 트레이닝을 할 때는 모티베이션 향상에만 초점을 맞추는 것이 아니라 프로젝터 등을 사용해 이해도를 높일 목적으로 이야기를 구성해나간다. '노하우' 전달에만 머무르지 않고 'Do-How(실천을 통한 터득)'에 초점을 맞춘 훈련이 되도록 신경을 쓰는 것이다.

이처럼 목적에 따라 이야기하는 쪽의 의도도 바뀌고 의도에 따라 표현도 바뀐다. 중요한 전제 조건은 전하고 싶은 내용이 명확해야 한다는 것이다. 내용을 압축할 때에도 결론부터 말한 뒤 "왜냐하면…." 하는 식으로 말을 전개해나가면 듣는 사람은 스트레스를 받지 않는다. 하지만 '이 사람이 무슨 말을 하고 있는지 알 수 없다.'라는 생각이 들게 이야기를 계속 이어가면 듣는 사람은 불만이 쌓인다. 일에서도 유능한 사람은 다음과 같이 보고한다.

"우선 결론부터 말씀드리면 ○○○입니다. 여기에는 세 가지 핵심 포인트가 있습니다…."

그러나 보고를 해도 대체 무슨 말을 하는 것인지 알 수 없는 사람도 많다. 장황하게 경과를 설명한 뒤에야 마침내 "결론은 이렇습니다."라고 설명하는 사람이다. 사람은 결론을 이해한 상태에서 이야기를 듣는 경우와 결론을 모르는 상태에서 이야기를 듣는 경우 반응이 전혀 다르다.

특질과 장점 중
무엇을 설명할 것인가

목표로부터 역산해서 이야기를 진행해야
당신의 목적을 이룰 수 있다.

'특질'과 '장점'의 차이를 설명해보자. 특질은 그 상품이 가지고 있는 특징적 성질로, 기능이나 성능, 구조 등의 객관적 사실이라고 할 수 있다. 장점은 벤츠를 예로 들어 말하자면 '지위'나 '안전성'에 해당한다. 이는 매뉴얼에 표현할 수 없는 부분이다. 하지만 흔히 벤츠를 타고 있다는 것만으로 "이 사람은 성공한 사람이고 유능한 인물이다."라고 유추하는 경우가 많듯 벤츠 하면 능력과 경제력이 함께 떠오른다. '지위'를 중시하는 사람이 타고 싶어 하는 자동차의 대명사가 벤츠인 것이 바로 이 때문이다.

"만약 자동차를 마음대로 선택할 수 있다면 당신은 어떤 차를 타고 싶습니까?"

"벤츠입니다."

이렇게 대답한 사람의 마음에는 틀림없이 '장점'에 대한 욕구가 포함되어 있을 것이다.

하지만 무능한 세일즈맨은 이 사람의 욕구를 간파하지 못하고 갑자기 이런 설명을 늘어놓으면서 시간을 허비한다.

"벤츠의 엔진은 'V12'이기 때문에 매우 부드럽고, 파워까지 갖추어져 있어 소음이 거의 없고, 경우에 따라 다이내믹하게 달릴 수 있습니다."

'특질'에 해당하는 벤츠의 특징이나 기능을 아무리 설명해도 '장점'을 바라는 사람에게는 통하지 않는다. 소비자의 욕구와 장점을 하나로 통합하는 것이 바로 세일즈의 기술이다. 능력 있는 세일즈맨일수록 고객의 욕구를 환기시키고 필요성을 강조한다.

벤츠 구입을 검토하고 있는 경영자에게는 "만약 사고가 나서 장기간 입원을 하게 되신다면 회사에 얼마나 큰 영향을 끼치겠습니까?"라고 말한다. 그럴 경우 고객은 벤츠에 대한 투자가 회사를 지켜준다는 관점에서 자신의 욕구를 정당화할 수 있다. 그래도 반응을 보이지 않는 고객이라면 안전성에 더

하여 지금까지 치열하게 살아온 본인 스스로에 대한 포상이라는 관점에서 "다른 사람의 눈은 의식하지 마시고 이제는 벤츠를 탈 수 있는 지위가 되었다는 것 자체를 스스로 인정하고 칭찬해주십시오."라고 말한다. 그럴 경우 고객의 자존감은 부쩍 올라간다. 고객의 입장에서 "그렇지. 크라운을 구입할까 생각했는데, 이렇게 열심히 권해주기도 하고 우리 회사도 창업한 지 20년이나 되었으니까 이쯤 해서 벤츠를 타보도록 할까?" 하고 호응하는 것이다.

다시 말하지만 말의 전달력을 높이려면 상대가 원하는 것이 무엇인지 간파하고 거기서부터 이야기를 시작해야 한다.

다음 페이지의 그림을 보자. 올라가는 길이 숨겨져 있지 않고 그대로 드러나 있는 '사다리 타기'가 있다. '목표'에서 위쪽으로 거슬러 올라갈 수 있다면 누구나 목표를 선택할 수 있다. 프레젠테이션을 할 때도 최종 목표에서 역산하여 이야기하지 않으면 목적을 이룰 수 없다.

나는 강연을 할 때 '판단', '선택', '책임'이라는 말을 자주 사용하는데, 여기서 '판단'의 기준을 높이는 것이 '전달력'의 고수가 되기 위한 조건이다. 장기의 고수는 승부를 거의 초반,

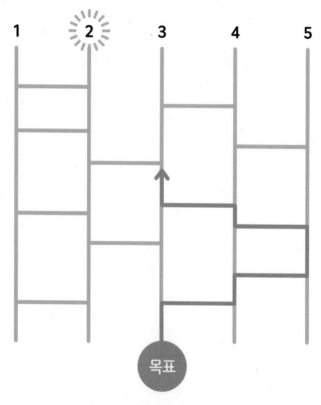

목표에서 역산하는 방법을 이용하면 목적을 이룰 수 있다.

늦어도 중반에 결정한다. 후반으로 접어든 이후부터는 승산이 거의 없다는 사실을 잘 알고 있기 때문이다. 프레젠테이션도 마찬가지다. 항상 원하는 것부터 역산을 해서 미리 확실하게 준비해두어야 한다. 목표로부터 역산해서 이야기를 진행해야 목적을 이룰 수 있는 것이다.

사람은 납득되지 않으면
움직이지 않는다

강요하는 듯한 인상을 주지 않고 설득에서 납득으로
이끌어가는 것이 프로의 기법이다.

'기승(전)결'은 모든 스토리의 구성에 적용된다. 편지를 쓸 때
에도 인사말이나 서문, 전문으로 시작해서 정말로 자신이 하
고 싶은 내용을 적는 본문이 있고 마지막에 정리하는 말을 적
는다. '한시(漢詩)'나 '네 컷 만화'의 구성도 알고 보면 마찬가
지 흐름을 따른다. 세일즈 분야도 처음에 흥밋거리를 제시해
서 상대방의 호기심을 유발하고(기), 구매 의욕(승)을 느끼게
하며, 연상을 통하여 최종적으로 결단과 행동(결)으로 이어지
도록 대화를 이끌어나가야 한다.

내가 실시하고 있는 인재 교육 프로그램도 '도입'이 있고 '적

용'으로 이어진 뒤 마지막에는 '평가'가 있다. 이것을 염두에 두고 말을 하면 전달력은 훨씬 강해진다.

이야기의 길이는 관계없다. 10분짜리건 사흘 동안 계속되는 연수이건 '기승(전)결'을 구성하여 말하는 것이 중요하다. 내가 25년 동안 지속해오고 있는 연수 중에 첫 회에 사흘 동안의 연수를 받고 이후 석 달마다 재수강을 받는 프로그램이 있다. 같은 연수를 석 달에 한 번, 사흘씩 받는 것인데 지금까지 누계 2만 명 이상이 수강을 했다.

시간과 돈을 상당히 투자해야 하는 연수에 왜 이렇게 많은 사람들이 찾아오는 것일까. 바로 '목표 달성 기술'을 배우기 위해서다. 이 연수를 통하여 다수의 업계에서 톱 세일즈맨, 최고관리자, 벤처기업 대표들이 탄생했고, 그런 입소문을 듣고 찾아오는 수강자가 80%가 넘는다. 나는 핵심이 되는 부분은 바꾸지 않는다. 그렇지만 매회 화제나 소재의 배열을 바꾸어 재수강을 들어도 질리지 않고 커뮤니케이션 능력을 향상시킬 수 있도록 배려하고 있다.

반복해서 말하지만, 자기 자신이 무엇을 이야기하고 싶은가 하는 것이 아니라 '무엇을 전달하고 싶은가'에 초점을 맞추면 상대방은 반드시 움직인다. 그리고 그것이 당신의 성과와 연결된다. 말은 사람을 움직여 성과를 낳는 중요한 수단이다.

"눈에 보이지 않는 것이 눈에 보이는 것을 만들어낸다."

《삼국지》의 제갈공명을 비롯하여 군사(軍師)로 불린 사람들은 모두 말로 군대를 움직여왔다. 대통령의 훌륭한 연설 또한 역사에 남는다. 말에는 거대한 힘이 있다. 이미지도 떠오르지 않고 논리성도 부족한 이야기를 해서는 상대에게 전달되지 않는다. 예를 들어, 내가 진행하는 연수를 소재로 해서 논리와 비유를 이용한 대화 진행 방법을 살펴보자.

고객 상담 현장에서 "지금은 결정할 수 없습니다."라고 말하는 고객이 있다고 하자. 그럴 때 나는 "잘 알겠습니다." 하고 일단 동의한다. 그리고 "지금까지 담당해온 수많은 고객분들도 처음에는 그렇게 말씀하셨습니다."라고 말한 뒤에 다음과 같이 연결한다.

"하지만 끝까지 제 강좌를 들으신 분들은 모두 한 단계 향상되는 결과를 보이셨습니다. 그 이유를 설명할 수 있는 시간을 주실 수 있겠습니까?"

그리고 다시 한번 고객의 욕구를 환기시키고 강좌의 필요성을 전달한다. 가성비 측면에서도 투자 금액보다 많은 장점이 있다는 사실을 납득할 수 있도록 설명을 거듭하고 마지막에 이렇게 말한다.

"저는 어느 쪽이건 상관없습니다. 고객님이 결정하시면 됩니다. 단, 세 가지 포인트를 잊지 마십시오. 첫째는 '결단의 질과 시간의 길이는 상관이 없다'는 것입니다. 바람직한 결단은 오래 고민한다고 얻어지는 것이 아니라 본질적으로 자신에게 '내재된 목소리'를 따르는 것이지요. 둘째는 장기적인 관점을 가진 결단입니다. 이번 경우는 어떻습니까? 앞으로 제가 권해 드리는 연수가 한 단계 더 향상되는 결과와 연결이 될지, 아니면 아무런 도움이 되지 않을지 생각해보십시오. 또 고객님의 입장에서 볼 때 '능력 개발'은 앞으로도 필요한 것인지 혹은 그렇지 않은지, 풍요로운 인생을 살기 위해 목표 달성 기술을 갖추어야 할 것인지 굳이 그런 선택을 할 필요는 없는지 진지하게 생각해보시기 바랍니다. 셋째는 객관적, 복안적인 관점에서의 결단입니다. 예를 들어, 제삼자의 입장에서 고객님의 친구 중에 이 연수를 받으려는 분이 계시다면 고객님은 반대하시겠습니까, 찬성하시겠습니까? 이 세 가지를 생각하신다면 답이 나오지 않겠습니까. …지금 표정을 보면 결정을 내리신 것 같은데요. 이것이 신청서입니다."

　논리적이면서도 친구 등의 비유를 섞어 친근한 화제로 대화를 이끌고 그 이미지를 떠올릴 수 있도록 이야기를 진행하는 것이 강요하는 듯한 인상을 주지 않고 설득에서 납득으로 이끌어가는 프로의 기법이다.

잡담과 프레젠테이션의
결정적 차이

최소한의 투자로 최대한의 매출을
만들어내는 것이 비즈니스다.

잡담의 목적은 단순히 대화를 즐기는 것이다. 상대의 이야기에 초점을 맞추면 대화는 더욱 길게 이어진다. 아무리 이야기가 분산되거나 다른 주제로 튄다고 해도 상대의 이야기에 초점을 맞추기만 한다면 대화로서 멋지게 성립된다.

하지만 프레젠테이션이나 트레이닝을 할 때는 상대에게 전하는 말은 어디까지나 수단이어야 한다. 즉, 정보를 전달하고, 행동으로 옮기게 하고, 기술을 습득하게 하는 화술을 사용해야 한다. 그리고 그것은 최종적으로 '매출'이나 '비용 절감'이라는 구체적인 숫자로 제시할 수 있는 결과로 귀결되어야 목적을 이룬다.

　비즈니스와 사생활은 전혀 다른 세계다. 모든 것을 디지털로 표시할 수 있는 세계를 칭하여 비즈니스라고 말한다. 비즈니스는 경제활동을 기본으로 삼기 때문에 비용과 성과가 모두 숫자로 나타난다. 그리고 이 모든 것이 성과로 연결되어야 한다. 최소한의 투자로 최대한의 매출을 만들어내는 것, 이것이 비즈니스의 성과다.

　그렇기 때문에 프로와 아마추어에게는 근본적인 차이가 발생한다. 프로는 최종 성과를 우선하지만 아마추어는 현재 원하는 이미지와 즐거움, 현재 자신의 마음을 우선한다.

　잡담이나 세상 돌아가는 이야기 등 일반적인 대화와 프레젠테이션의 차이는 목적이 다르다는 데에 있다. 잡담이라면 이야기가 산만해도 상관없지만 프로의 프레젠테이션은 어디까지나 목적을 완수하기 위한 것이기 때문에 논리적으로 전개되어야 한다.

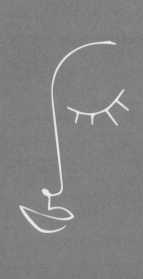

오감으로
마음을 잡는다

지나친 자의식은
버려야 한다

**자의식이 강하게 살아 있으면
마음 편히 이야기할 수 없다.**

나는 수만 명 앞에서 강연을 하더라도 긴장하지 않는다. 나 자신을 생각하지 않기 때문이다. 상대를 위한다는 마음으로 이야기를 하면 긴장되지 않는다.

언젠가 결혼식 사회를 맡은 사람이 잔뜩 긴장하고 있는 모습을 보고 나는 그에게 다가가 가볍게 어깨를 두드리면서 이렇게 말했다.

"걱정하지 마십시오. 사람들이 여기에 당신을 보러 온 것은 아니니까요."

그러자 그는 쓴웃음을 짓고 "그렇군요. 제가 주연이 아니라 신랑신부가 주연이지요." 하고 평상심을 되찾아 편안한 사회로 결혼식을 이끌었다.

자의식이야말로 긴장을 일으키는 가장 큰 원인이다. '말을 잘하고 싶다', '좋은 인상을 심어주고 싶다'는 생각이 강하면 긴장할 수밖에 없다.

나는 "사랑이 있으면 불가능한 일도 가능해진다."라는 말을 자주 하는데, 배려하는 마음, '상대를 위해서'라는 마음이 100%가 되면 긴장은 저절로 극복할 수 있다. 반대로 자신에게 정신이 향해 있는 동안에는 마음 편히 이야기할 수 없다. 잘 보이려 하지 말고 있는 그대로의 모습을 보인다는 마음을 가져야 한다.

사람은 자신이 가지고 있는 정보를 바탕으로 승부를 할 수밖에 없다. 나는 나의 결점이나 약점을 모두 숨김없이 내보이는 편이다. 성장 과정에서의 불행한 경험이나 일찍 사회에 진출하여 학력이 부족하다는 점 등에는 신경을 쓰지 않는다. 지금 놓여 있는 상황도 주저하지 않고 모두 내보인다. 다른 사람들이 나를 어떻게 생각하는지에 대해서는 전혀 신경 쓰지 않기 때문이다. 나 자신을 스스로 이해하면 그것으로 충분하다고 생각한다.

진정한 프로는 자신을 사랑하고 소중하게 생각한다. 다른 사람의 평가보다 자기평가를 더 소중하게 여기며 살아가는 것이다. 자의식을 제거하고, 있는 그대로의 자신의 모습으로 살아가는 것이 진정한 프로다.

그렇다면 말을 할 때 긴장의 공포는 어떻게 극복해야 할까? 해결책은 두 가지밖에 없다.

1. 자의식을 버리고 정신을 상대에게 집중한다.
2. 말을 하기 위해 스스로 완벽하다고 확신할 수 있을 정도로 철저하게 사전 준비를 한다.

100명 중 한 명 정도는 사전 준비를 하지 않아도 천성적으로 말을 조리 있게 잘한다. 단, 이런 사람은 천재 타입에 해당하는 사람이다. 그리고 1천 명 중 한 명 정도는 '입부터 먼저 태어났다'는 말을 들을 정도로 언변이 뛰어나다. 두뇌 회전이 매우 빠르고 애드리브로 상황을 대처하는 데 강한, 그야말로 '천성적'으로 승부에 강한 사람들이다.

대체로 이런 사람들은 말을 할 때 긴장을 하지 않는다. 이들은 아마 스스로를 긍정적으로 보고, 말할 때에 모든 의식이 상대에게 향해 있을 것이다.

물론 천재라고 해도 사전 준비가 필요하겠지만 자신의 발상이나 사고방식만으로 일을 해결하는 경우도 있다.

"세일즈에서의 마무리는 자신의 지식을 전달하는 것이 아니라 자신의 사고방식을 상대에게 전달하고 그 영향력을 통해서 'YES'를 이끌어내는 것이다."

이 말은 내가 세일즈맨 시절에 파악한, 실질적인 체험에서 나온 것이다. 그 연장선상에서 자신의 사고방식을 전하면 상대도 공명, 공감을 하게 된다.

예를 들어 대규모 프레젠테이션을 할 때는 많은 사람들 앞에서 이야기를 해야 하기 때문에 한 개인에게 초점을 맞출 수 없다. 따라서 그곳에 모인 사람들의 대략적인 니즈(Needs)가 무엇인지 파악해야 한다. 대부분 '정신적으로나 물질적으로 풍요로운 인생을 실현한다'거나 '어떻게 하면 매출을 올릴 수 있는가'로 접근할 것이다. 즉, 누구나 원하고 있는 것을 소재로 삼으며 개별적인 주제를 선택하지 않는 것이 핵심이다.

공통의 원트, 공통의 니즈는 어디에나 존재한다. 누구나 '우리 사회를 좀 더 좋은 사회로 만들고 싶다'고 생각할 것이고 이런 주제로 20분, 30분 동안 이야기를 하면 대부분 관심을 보인다. 단, 강연이 산만해서는 흥미를 유발할 수 없다. 이럴 때 청중들은 "대체 어떤 분야의 전문가인 거야?" 하는 식으로 엉뚱한 부분에 관심을 가질 뿐이다.

나도 이야기를 할 때에는 당연히 지금까지 배양해온 전문가로서의 기술이나 경력, 노하우를 바탕으로 한다. 호세이(法政)대학 대학원에서 경영학에 관한 강의를 할 때에는 중소기업 경영자로서 작지만 빚 없이 회사를 경영하고 있다는 점을 살려 그 범위 안에서 이야기를 했다. 그때 만약 도쿄증권에 상장된 대기업에 적용할 만한 '경영학'을 가르치라고 했다면 절대 하지 않았을 것이다. '떡은 떡집에서'라는 말이 있다. 사람은 각자 경력을 쌓은 분야의 전문가로서의 영역을 초월해서는 안 된다. 자신이 놓여 있는 위치를 잊지 말아야 한다.

만약 프로야구 선수 출신의 감독인 호시노 센이치(星野仙一)씨가 사람들 앞에서 이야기를 한다면 모두 귀를 기울일 것이다. 프로야구 감독으로서 한신(阪神)을 우승으로까지 이끈 실적이 있기 때문이다. 물론 독특한 캐릭터에 호감을 느끼는 팬도 많을 수 있다.

대중을 앞에 두고 말할 때, 사람들은 그가 어떤 존재인지를 지켜본다. 경력의 연장선상에서 이야기를 하는 동안에는 전달력이 크지만 경력에서 벗어난 말을 하면 전달력이 뚝 떨어진다.

자신이 할 수 있는 범위 안에서 이야기를 한다면 절대로 긴장하지 않는다. 할 수 없는 내용을 이야기하거나 지식을 팔려고 하기 때문에 긴장하게 되는 것이다. 따라서 어떤 경우에도 자신 있는 영역 안에서 이야기를 전개해야 한다. 그리고 그 준비를 철저하게 해야 한다.

10의 정보를 가지고
1을 사용한다

**'말의 힘'은 곧
'그 사람의 힘'이다.**

30분간 이야기를 하려면 두 시간의 준비가 필요하다고 생각해보자. 한 시간 동안 이야기를 해야 한다면 네 시간의 준비가 필요하다. 또 1일 트레이닝을 한다면 준비에 나흘이 걸린다. 그 정도의 시간을 들여 정보를 수집하고 정리하지 않으면 당신의 이야기에서 깊이를 느끼기가 어렵다. 나는 여러 장소에서 강연과 프레젠테이션을 하고 있지만 여기까지 오는 데에 40년 이상의 시간이 필요했다.

이와 관련된 재미있는 에피소드가 있다. 피카소가 유명해진 이후 프랑스의 어느 레스토랑에서 식사를 하고 있었다. 그 모

습을 본 어떤 귀부인이 "피카소 씨, 안녕하세요. 이렇게 만나
뵙게 되어 정말 반가워요. 기념으로 냅킨에 간단한 그림 하나
그려주실 수 있을까요? 소중하게 간직할게요."라고 부탁을 했
다. 피카소는 "네. 그렇게 하지요."라고 대답하고 선뜻 그림을
그려 그 귀부인에게 건넸다.

그러자 귀부인은 "성의로 답례를 하고 싶은데 얼마를 드리
면 될까요?"라고 물었다. 귀부인의 입장에서는 피카소 같은 대
가에게 그림을 공짜로 받는다는 것이 부담스러웠을 것이다.
그러나 피카소는 인간적인 부탁에 호의로 답했던 것이기 때문
에 기분이 약간 상했다. 그래서 당시에 평가를 받고 있던 가치
대로 "제 그림은 이 정도 가격입니다만…"이라고 말했다. 상당
한 금액이었다.

그 말에 귀부인은 눈을 동그랗게 뜨고 "저, 실례지만 피카소
씨, 불과 1, 2분 만에 그린 그림에 그렇게 큰 금액을 말씀하시
는 건 너무 부당한 것 아닌가요? 그렇게 큰돈은 지불할 수 없
어요."라고 하면서 당황하는 모습을 보였다.

그러자 피카소는 이렇게 말했다.

"그림을 그린 시간은 분명히 1, 2분에 지나지 않습니다. 하
지만 저는 이런 그림을 그리기 위해 60년을 준비해왔습니다."

이 이야기는 프로 스피커에게도 마찬가지로 적용된다. '말의

힘'은 곧 '그 사람의 힘'이다. 어떤 인생을 살아왔는가 하는 것이 말의 '힘'으로 배어나오는 것이다. 임시변통으로 그럴듯한 말을 하려고 해도 그건 쉽지 않다.

우선 충분한 준비를 갖추어야 한다. 그리고 실제 상황에서는 사소한 부분은 생각하지 말고 마음을 비우고 내용을 전달하는 데에만 집중해야 한다. 프로 스피커라면 다음의 세 가지를 머리에 그리고 이야기하는 것이 바람직하다.

첫 번째는 '긍정적인 마음가짐'이다.
두 번째는 '충분한 지식을 갖춘 방법'이다.
세 번째는 '기술'이다.

철저하게 준비하고, 긍정적인 생각을 바탕으로 상대를 중심에 놓고, 현재 갖추고 있는 모든 기술을 발휘하여 울림 있게 전달할 줄 알아야 한다.

모든 사람이
나의 스승이다

아무리 사소한 것이라도 항상 안테나를 뻗어
민감하게 감지할 수 있어야 한다.

흔히 대화를 하거나 프레젠테이션을 할 때 "이야기할 재료가 없어서…"라고 말하는 사람이 있는데, 화젯거리는 특별한 경험을 하지 않더라도 일상에서 얼마든지 수집할 수 있다.

우리 딸이 대여섯 살이었을 때의 이야기다. 우리 집에서는 크리스마스가 다가오면 산타클로스에게 받고 싶은 선물을 카드에 적어 크리스마스트리에 매달아두었다.

딸의 카드에는 '핑크 아이론'이라고 씌어 있었다. 산타클로스를 대신하고 있던 나는 열심히 핑크 아이론을 찾아다녔다.

그즈음 군마(群馬)에서 강연이 있었는데, 잠깐 틈이 나서 들른 백화점 장난감 매장에서 마침내 핑크 아이론을 발견했다. 즉시 구입하고 안도의 숨을 내쉬며 최상층에 있는 레스토랑에서 식사를 하고 있는데, 카운터 옆자리에 앉아 있던 두 명의 남성이 나누는 이야기가 들려왔다. 이럴 때 나의 귀는 갑자기 디즈니의 '덤보'처럼 예민해진다.

한 남성이 말했다.

"나는 평소에 이렇게 밖에서 식사를 하는 경우는 거의 없어. 같은 돈을 지불할 바에는 같은 재료를 구입해서 집에서 만들어 먹는 쪽이 훨씬 더 많이 먹을 수 있거든."

외식은 낭비라고 말하고 있는 듯했다. 그러자 또 한 명의 남성이 이렇게 대답했다.

"나는 집에서는 가능하면 차도 마시지 않으려고 해. 차를 마시면 설거지를 해야 하고…. 그래서 밥도 가능하면 집에서는 먹지 않아. 설거지는 정말 귀찮거든."

나는 넉넉한 가정에서 자라지 못했다. 정말 가난한 가정에서 자랐고 단계를 차근차근 밟아 지금의 환경을 구축했지만, 어떤 경우에도 '식사'는 즐겁게 해야 한다고 생각한다. 그래서 집에서 식사를 할 때에는 가족이 단란한 시간을 보낼 수 있도록 노력한다. 가능하면 영양가 있는 음식을 아이들에게 먹이고 화기애애하고 편안한 시간을 보내려고 한다. 내가 소중하게 여기는 가치관이다.

그러나 이 두 사람의 대화를 들으면서 세상에는 정말 다양한 사고방식이 있다는 사실에 깜짝 놀라는 한편, 가치관의 차이에 관해서 다시 생각해보게 되었다.

겉보기에는 두 사람 다 서른네댓 살 정도로 보였다. 그들이 앞으로도 계속 이런 식으로 대화를 나눈다면 그들의 인생의 질은 크게 향상되지 않을 것이다. 내가 하고 싶은 말은, 생활 수준에 대한 문제가 아니다. 잠깐 틈이 나서 쇼핑을 하는 사이에 타인의 행위나 가치관을 받아들이는 방법에 차이가 있다는 사실을 깨달았다는 점이다.

언제든지 안테나를 한껏 뻗어서 별것 아닌 대화를 통해서도 정보를 모은다. 그리고 거기에서 무엇을 배워 내 인생에 활용할 것인가를 생각한다. 이 모든 것들이 내게는 커뮤니케이션을 배양하는 영양분이 된다. '모두가 스승'이라고 여기는 것이다. 좋은 스승도 있고 반면교사도 있다. '전달력'을 단련하려면 늘 배우려는 마음을 가지고 일상생활에서 화젯거리를 찾도록 노력해야 한다. 화젯거리는 일상 속에 얼마든지 존재한다. 아무리 사소한 것이라도 항상 안테나를 뻗어 민감하게 감지하는 풍부한 감성을 가져야 한다.

또한 이야기 재료는 누구나 가지고 있다. 다른 사람 앞에서 자신감을 가지고 당당하게 이야기할 수 있으려면 과거의 경험 중에서 가장 기분이 상쾌하고 최고의 성취감을 맛보았던 것을 떠올리면 된다. 나는 흔히 "자신의 장점을 죽 나열하고 성공했던 체험을 리스트로 만들어두라."고 말하는데, 그것이 이야기를 할 때 자신감과 연결되는 경우가 많다.

'진심으로', '경험을 과장하지 않고 있는 그대로' 이야기해야 한다. 자신이 체험한 내용이라면 자신감을 가지고 말할 수 있다. 다시 한번 강조하지만 '말의 힘'은 '그 사람의 힘'이다. 일상생활 속에서 성공 체험을 쌓아가는 것이 전달력을 기르는 좋은 비결임을 기억하자.

듣는 사람의
오감을 사로잡는다

흥미 유발, 뜸 들이기, 묘사의 기술을
적절하게 사용할 줄 알아야 한다.

이번에는 듣는 사람의 마음을 사로잡는 세 가지 기술을 소개
할 생각이다.

첫째, 이야기의 서두에서 청중의 마음을 사로잡으려면 흥미
를 유발할 수 있어야 한다. 우선 상대방이 원하는 것을 분명
하게 전달하고 긍정적으로 받아들이도록 접근해야 한다.

세일즈 매니저 시절, 채용 설명회에 참석한 사람들을 앞에
두고 이야기할 기회가 자주 있었다. 나는 이렇게 말을 꺼냈다.

"여러분, 우리 회사에는 세 가지의 'B'가 있습니다. 'Big 찬
스', 'Big 머니', 'Big 비즈니스'입니다. 이 세 가지의 'B'를 반드

시 붙잡으십시오!"

일단 이렇게 말을 꺼내면 참석한 사람들은 흥미와 관심을 보인다. 상대가 원하는 것에 대해 '그것을 이룰 수 있다!'라고 생각하도록 유도하는 결론을 먼저 꺼내면 더 강한 임팩트가 있다.

"고객은 세일즈맨이 하는 말에는 귀를 기울이지 않는다. 하지만 사실에는 귀를 기울인다."라는 말이 있듯, 구체적인 실제 사례부터 시작하는 것도 좋은 방법이다. 만약 실증된 수치로 뒷받침할 수 있다면 상대의 마음을 훨씬 더 붙잡기 쉽다.

반대로 《YES를 이끌어내는 협상법》(윌리엄 유리 외 지음)이라는 책에 실려 있듯이, 일부러 부정적 접근을 하는 쪽이 효과적인 경우도 있다. 예를 들어 자신이 근무하고 있는 회사가 누구나 알고 있는 유명 기업이라면 면접을 보러 온 사람들에게 이런 식으로 설명을 하는 것이다.

"여러분, 오늘 이곳까지 오시느라 고생 많으셨습니다. 아마 여러분은 회사의 인사 담당자인 저의 입에서 나오는 말은 '당연히 좋은 말'일 거라고 생각하실 것입니다. 그렇기 때문에 저는 굳이 우리 회사에 관해 구구절절 길게 설명하지 않겠습니다. 그보다 여러분이 본인의 눈으로 오늘 하루 이 회사를 살펴보시기를 권합니다. 그리고 실제로 일하고 있는 사람들과

이 회사의 분위기를 확인한 뒤에 평생 일할 회사로 삼을 만한지 스스로 판단해주시기 바랍니다."

이런 말을 '부정적 접근(negative approach)'이라고 한다. 표면에 광택을 내듯 그럴듯하게 말하는 것이 아니라 그와 반대인 네거티브 방식으로 표현하는 방법이다. 이런 표현을 통하여 '이 사람은 성실해. 사실을 말하고 있어.'라는 느낌을 주는 것이다.(잘 생각해보면 '자신감'의 다른 표현이기도 하다.)

어쨌든 첫 5분이 승부처다. 첫 5분 만에 상대의 흥미를 유발할 수 있다면 남은 시간은 편안하게 이야기할 수 있다.

두 번째는 '뜸 들이기'다. 프로와 아마추어의 차이는 시간을 어떻게 활용하는가에 있다. 프로는 적절하게 뜸을 들일 줄 안다. 전에 프로야구 뉴스의 명아나운서이자 야구 해설가인 사사키 신야(佐佐木信也) 씨가 우리 연수를 받으러 온 적이 있다. 사흘 동안 진행되는 연수였다. 마침내 연수를 끝내고 한 차례 휴식을 취한 다음 사사키 씨가 나를 찾아와 이렇게 말했다.

"저도 말을 하는 직업을 갖고 있지만 아오키 씨의 시간 활용은 정말 절묘했습니다. 덕분에 사흘 동안의 강연이 전혀 지루하지 않았습니다."

대선배에게 이런 말을 듣고 깊은 감명을 받은 기억이 아직도 남아 있다.

나는 중요한 이야기를 하기 전에 잠깐 뜸을 들인다. 그러면 강연장에는 순간 '조용한 정적'이 흐른다. 청중들이 "다음에 무슨 말을 하려는 것일까?" 하고 관심을 기울일 시간을 만드는 것이다.

상대의 집중을 이끌어낸 후에 본질적인 이야기를 '툭 던지듯' 꺼내는 것이 프로의 기술이다. 경사진 나무판에 물이 흐르듯 지나치게 빠른 속도로 이야기를 하면 듣는 사람은 지치게 되고, 지나치게 느린 속도로 이야기를 하면 지루해한다. 따라서 시간을 적절하게 활용할 줄 알아야 한다. 그러나 이 능력을 향상시키려면 실제로 여러 차례 연습을 하고 경험을 쌓는 방법밖에 없다.

마지막은 구체성과 개별성을 갖춘 '묘사'다. 하고 싶은 말을 상대에게 제대로 전달하고 싶으면 상대가 쉽게 연상할 수 있는 묘사를 활용해서 오감에 호소해야 한다. 나는 흔히 나의 성장 과정을 소재로 사용한다. 어린 시절의 나에 대해서 여동생에게 물어본 적이 있었다.

"오빠에 대한 추억은 어떤 것들이 있니?"

"글쎄… 아, 대야에 속옷을 담아 빨래를 할 때 나무젓가락을 넣고 휘휘 저으면서 '이것 봐. 이렇게 하면 세탁기처럼 되잖아.'라고 말했던 적이 있어. 그런 일이 자주 있었어."

나는 어렸을 때부터 직접 빨래를 했다. 가정환경이 그럴 수밖에 없었다. 그래서 완전보합제(100% 실적에 따른 임금 제도) 세계에서도 살아남을 수 있었다는 점에서 성장 과정에 감사하고 있지만, 대야에 속옷을 넣고 빨래를 하는 아이는 이른바 가련한 모습이고 희로애락 중에서도 '애(哀)'의 감정에 호소하는 부분이 있다.

듣는 사람은 "이 사람의 인생에는 그런 측면도 있구나." 하고 사실적인 묘사와 함께 이미지를 부풀린다. 만약 그런 소재를 이야기하지 않는다면 '아오키 씨는 대학원 교수이고, 책도 40권 이상 쓴 사람이니까 틀림없이 유복한 가정에서 자라고 일류 대학을 나왔을 거야.'라고 생각할지도 모른다.

듣는 사람은 항상 '지금의 상황을 바꾸고 싶지 않다', '설득 당하고 싶지 않다'는 변명을 준비하고 있다. 따라서 아무리 완벽한 논리로 이야기를 한다고 해도 상대의 마음을 움직이기는 쉽지 않다.

하지만 이렇게 '대야와 나무젓가락' 이야기를 하는 것만으로 나에 대한 개념이 완전히 바뀌면서 '사람은 성장 과정에 관계없이 누구나 무한대의 가능성을 갖추고 있다'는, 내가 전하고 싶은 진짜 메시지를 아무런 조건 없이 받아들이게 된다. 뒤집어 말하면, 듣는 사람이 자신의 현실적 상황을 핑계 댈 기회를 주지 않는 것이다.

상대가 이야기를 받아들일 준비가 갖추어진 다음에 비로소 이론을 구축하고 본론으로 들어가야 한다. 이것도 내가 하고 싶은 말을 듣는 사람의 마음에 정확히 전달하는 기술 중 하나다.

말에도
인과의 법칙이 작용한다

기회를 살리는 것은 본인이 얼마나 강하게
그것을 원하는가에 달려 있다.

어느 음식점 경영자와 대화를 나눌 때였다. 그가 이렇게 불평을 시작했다.

"저는 10년 이상 음식점을 경영하고 있지만 전혀 돈을 벌지 못하고 있습니다. 뭔가 좋은 방법이 없겠습니까?"

"그렇군요…. 그전에 궁금한 게 있는데요, 사장님 가게의 음식은 이 지역에서 몇 번째 정도에 든다고 생각하십니까?"

"뭐, 중간 정도지요. 그런 건 지금까지 생각해본 적이 없습니다만…."

그 말을 듣고 나는 이렇게 말을 이었다.

"그렇다면 돈을 벌겠다는 생각은 포기하셔야겠네요. 사장님은 무슨 일을 해도 적당히 처리할 분입니다. 왜 '전국에서 가장 맛있는 음식을 만들어 손님들을 기쁘게 해주겠다'는 생각은 하지 않습니까. 손님에 대한 생각, 진심, 배려가 없으면 사업이 번영할 수도 없습니다."

그러자 그 사장의 표정이 몹시 진지해졌다.

나는 '내 말을 이해했구나.' 하는 생각에 마음을 놓고 있었는데, 잠시 후 그가 "그건 그렇고, 선생님, 어떤 장사를 하는 것이 좋겠습니까?" 하고 다시 질문을 던졌다.

어떻게든 성공을 하고 싶다면 '다시 시작해보는 거야.'라는 마음으로 즉시 가게로 돌아가 깨끗하게 청소부터 한 뒤 손님에게 정성을 다해 만든 메뉴를 내놓을 것이다. 하지만 그는 목표부터가 분명하지 않았다. 목표 자체가 애매하니 당연히 얻는 것도 없다.

이 이야기를 통해서 얻을 수 있는 교훈은 상대의 '지각(知覺)'에 맞는 이야기를 해야 한다는 것이다. 상대의 지각에 맞지 않는 이야기를 하면서 '이 말을 이해한다면 깨닫는 것이 있겠지.'라고 생각하면 오판이다. 즉, 상대로 하여금 뭔가를 깨닫게 하기 위해 내가 아무리 장황하게 설명하고 설득을 하려고 노력해도 결과는 바뀌지 않을 것이다.

시각, 청각, 후각, 미각, 촉각으로 수집되는 '지각'은 그 사람의 '사고의 틀(paradigm)'과 밀접한 관계가 있다. 사람은 경험을 통해서 다양한 사고의 틀을 만들어내며 그 틀에서 벗어나는 일이 거의 없는 존재다. 즉, 그 사람이 '어떤 지식을 갖추고 있는가', '어떤 경험을 쌓아왔는가' 하는 과거를 탐색해보면 현실적 상황을 바탕으로 어느 정도 그의 미래의 모습을 예측할 수 있다. 통계나 조사 결과를 바탕으로 신규 사업 계획을 세우는 것과 마찬가지로 그 사람의 실적이나 사고 패턴을 이해하는 방법을 통하여 미래의 결과를 예측하는 것이다.

성공한 사람들은 대부분 실적을 축적하는 과정을 거쳐 현재의 지위를 구축했다. 따라서 기업의 입장에서는 가능하면 '성공 경험이 많은 사람'을 채용해야 사업을 빨리 확장시킬 수 있다. 하지만 중소기업에서 그런 인재를 채용하기는 어렵다.

그렇다면 어떻게 해야 할까? 자사에서 성공을 거두는 습관을 갖추게 해야 한다. 경영자에게 가장 중요한 능력은 사원들이 성공을 할 수 있도록 만드는 역량이다. 경영자는 목표 달성 기술을 배우고 프레젠테이션을 통해 그것을 사내에 침투시킴으로써 사원들을 육성해야 한다.

우리 회사에 연수를 받으러 오는 사람들은 모두 향상되고자 하는 마음을 가지고 있기 때문에 당연히 좋은 결과가 나온다. 나는 '공부하기 싫다', '굳이 나아지고 싶은 생각이 없다'는 사람들 앞에서는 강연을 하지 않는다.

"구하라. 그리하면 얻을 것이다."

성경에 등장하는 이 말을 믿고 있기 때문이다. 그래서 항상 내 강의를 듣는 사람들에게는 이런 생각을 가지라고 요구한다.

"좀 더 나아지고 싶다. 좀 더 나아지고 싶다. 좀 더, 좀 더 나아지고 싶다!"

이 '생각'이 목표를 뚜렷하게 만들고 성공으로 다가서는 지름길이 된다. 안테나를 뻗으면 자신의 목표를 실현하기 위한 정보들이 들어온다. 모든 사람에게 주어진 그 기회를 살리는 것은 본인이 얼마나 그것을 원하는가에 달려 있다.

세상에는 반드시 '인과의 법칙'이 작용한다. 아무리 유익한 정보라고 해도 그것을 원하지 않는 사람에게 이야기하는 것은 시간 낭비일 뿐이다. 사람은 저마다 다른 존재다. 따라서 상대의 바람에 맞는 이야기를 해야 한다. 울림 있는 말로 상대의 가슴에 파고들려면 '누구에게 이야기하는가', '상대는 무엇을 원하는가'를 먼저 생각해야 한다. 개인이든 단체이든 마찬가지다. '사람을 보고 이야기하라'는 말을 절대로 잊어서는 안된다.

명언이나 비유를
향신료로 활용한다

기억된 말은 단순한 인용이 아니라
나의 사고방식의 일부가 된다.

같은 내용이라도 전달하는 방법에 따라 듣는 사람은 다르게 받아들인다. 여기에서는 소재, 화제, 콘텐츠를 상대에게 맞추어야 하는 중요성에 관하여 알아보자.

나는 다른 사람과 비교하지 않고 스스로 정한 목표대로 살아가는 삶의 중요성을 강조할 때《이솝 우화》나 동화를 사용하는 경우가 종종 있다.

"〈토끼와 거북이〉 이야기는 모두 알고 계시지요?"

이렇게 질문을 하면 모두 고개를 끄덕인다.

"그렇다면 어느 쪽이 경주에서 이겼는지도 아십니까?"

당연히 거북이가 이기고 토끼가 졌다고 대답한다.

"왜 거북이가 이기고 토끼가 졌다고 생각하십니까?"

이 질문에 대부분은 토끼가 낮잠을 잤기 때문이라고 대답한다. 여기서부터가 본론이다.

"여러분, 지금부터 토끼가 경주에서 진 진짜 이유를 말씀드리겠습니다."

듣는 사람의 흥미를 이끌어내어 '왜 그럴까?' 하고 생각하게 하는 것이다. 누구나 알고 있는 〈토끼와 거북이〉 이야기다.

"저는 능력 개발 버전으로 〈토끼와 거북이〉를 해설해보고 싶습니다. 우선 토끼가 진 이유는…."

여기서 잠깐 뜸을 들인다.

"…사실 토끼는 거북이를 보았기 때문입니다."

"……."

"왜 거북이가 이겼을까요? 그것은 거북이가 토끼를 보지 않고 자신의 목표만 보고 달려갔기 때문입니다."

"……!"

"왜 이런 비유를 하는지 이해하시겠습니까? 자기보다 우수한 능력을 가진 사람을 보고 가슴에 품은 열등감과 불쾌한 감정이 '패배'라는 결과를 만들어내는 경우가 있습니다. 또 능력이 떨어지는 사람을 쳐다보다가 자신의 일을 소홀히 하는 사람도 있지요. 하지만 성공을 거두는 사람은 항상 자신의 페이스를 잃지 않고 목표를 향해서 달려갑니다. 성공은 속도가 빠른 사람만이 거둘 수 있는 것이 아닙니다. 강한 사람만이 거둘 수 있는 것도 아닙니다. 정말로 성공을 거둘 수 있는 사람은… 그렇습니다! 포기하지 않고, 자신의 목표를 잃지 않고 앞으로 달려가는 사람입니다. 그 사람이 마지막에 승리를 거두게 됩니다. 여러분도 그렇게 승리할 수 있으리라 믿습니다."

능력 개발의 본질을 누구나 이해하기 쉽게 전달하고자 할 때는 〈토끼와 거북이〉 이야기도 이렇게 계몽적인 이야기로 풀어낼 수 있다. 이것이야말로 울림 있게 전달하는 기술이다. 듣는 사람에게 어울리는 이야기를 하고자 할 때, 비유로 활용할 수 있는 내용을 가능하면 많이 축적해두자. 그것을 자유자재로 구사할 수 있으면 상대를 쉽게 납득시킬 수 있다.

나는 격언도 많이 기억하고 있다. 예를 들면 '시간 관리' 세미나에서 우선순위에 관하여 설명할 때는 다음과 같은 격언을 활용한다.

"세상에는 아무래도 상관이 없는 많은 것들과 정말 중요한 적은 것들이 있습니다. 인생을 성공으로 이끄는 열쇠는 중요하지만 적은 이것들을 소중히 여기고 실행하는 것입니다. 미국 대통령 아이젠하워는 이런 말을 남겼습니다. '필요해진 이후에는 이미 늦다.' 중요도와 긴급도는 상반되는 측면이 있습니다. 중요도는 긴급도가 없기 때문에 뒤로 미루어지는 경우가 많습니다. 바로 여기서 실수가 발생합니다. 항상 목표 달성을 위한 행동에 우선순위를 매기고 중요도가 높은 일부터 실행에 옮겨야 합니다. 이것이 목표를 달성하는 비결입니다."

그 밖에도 피터 드러커(Peter F. Drucker) 등 영향력 있는 사람의 말(격언)을 적절하게 활용한다. 이것은 때로 향신료처럼 이야기를 맛깔스럽게 만들고 강한 임팩트를 준다.

나는 직업상 명언집 같은 책을 읽고 좋은 명언들을 머릿속에 입력한 뒤 강연에 적극 활용하는데, 그렇게 머릿속에 기억된 말은 단순한 인용으로 그치지 않고 나의 사고방식의 일부가 된다.

일상생활에도
프레젠테이션이 있다

**아침에 일어나서 저녁에 잠이 들 때까지
모든 시간이 승부다.**

내가 회장을 맡고 있는 '일본 프로스피커 협회'에서 진행하는 연수에는 스피치 전문가가 되기를 원하는 사람들이 많이 찾아오는데, 화제는 결국 "어떻게 하면 말하기 기술을 향상시킬 수 있는가?"로 모아진다. 그 질문에 나는 늘 같은 대답을 준비해두고 있다.

"예를 들어 탁구 선수에게 기술을 배우려 할 경우, 당신은 국가대표 출신에게 배우겠습니까, 아니면 프로에도 입단하지 못한 선수에게 배우겠습니까? 당연히 국가대표 출신에게 배우고 싶겠지요. 강연을 듣는 사람들도 마찬가지입니다. 당연히 해당 분야에서 높은 실적이 있는 사람의 강연을 듣고 싶을 것이고, 그에게 인정을 받고 싶을 것입니다."

스피치 전문가가 되고 싶다면 우선 자기 자신과의 싸움에서 이겨야 한다. 자기 인생에서의 개혁과 변화들이 그대로 자신의 화술로 연결되기 때문이다.

말을 '조리 있게 잘하는 방법'을 가르치는 학원도 있다. 하지만 우리 프로의 입장에서 본다면, 화술은 그렇게 테크닉만으로 향상되는 것이 아니다. 그럴듯해 보이게 하는 테크닉은 그 사람에게 도움이 되지 않는다.

요즘에는 경영을 전혀 해본 적이 없는 경영 컨설턴트들도 많다. 그런 사람의 이야기는 들을 필요가 없다. 세일즈를 해본 적이 없는 세일즈 컨설턴트도 있다. 그런 사람도 상대하지 말아야 한다. 실적이나 실력이 전혀 갖추어지지 않은 사람들이 '컨설턴트'라는 이름표를 붙이고 고객을 유혹하는 경우가 너무 많은 게 탈이다.

얼마 전 의료 산업 분야의 회사를 운영하는 한 사장이 나에게 이런 말을 해주었다.

"지난번에 도호쿠(東北)에서 가장 인기 있는 치과 의사가 강연을 했습니다. 동종 업계에 있는 많은 사람들이 모였는데, 특히 젊은 치과 의사들이 많았습니다. 강연을 하는 의사가 실제로 경영을 해서 큰 매출을 올리고 있기 때문이지요. 그 사람의 이야기는 '진실'입니다. 하지만 치과를 한 번도 경영해본 적이 없는 컨설턴트가 '이렇게 하면 치과 의사로서 성공할 수 있다'고 휘젓고 다니는 경우도 많이 볼 수 있습니다. 그런 사람의 컨설팅은 받아봐야 아무런 성과를 거둘 수 없지요."

울림 있고 전달력이 높은 말을 하고 싶다면 진짜와 가짜를 구분할 수 있어야 한다. 진짜는 일상생활 자체가 프레젠테이션이다. 나는 세일즈 매니저로 자리를 잡은 이후부터 '내가 할 수 있는 것만을 부하 직원에게 전달하는 것', 그것이 바로 '전달력'이라고 생각해왔다. 실생활이나 업무에서 능력을 개발하고 거기에서 얻은 것을 살리지 않는다면, 결국 나도 똑같이 가짜로 구분될 수밖에 없다.

앞에서도 설명했지만 '전달력'을 높이려면 일상생활 자체가 연수의 터전이라는 사실을 놓치지 말아야 한다. 적당히 살아가면서 사람들의 마음을 사로잡을 수 있다고 생각한다면 언감생심이다. 그런 사람의 이야기에는 아무도 귀를 기울이지 않는다.

아침에 일어나서 저녁에 잠이 들 때까지 모든 시간이 승부다. 나는 아침에 일찍 일어나 준비를 마치면 그대로 내달리기 시작한다. 낮에는 잠깐 동안 휴식을 취하고 다시 계획한 대로 오후를 보낸 다음, 저녁에는 하루의 반성을 하고 다음 날을 계획한다. '일일일생(一日一生; 하루를 한평생처럼 생각한다.)'이 내 좌우명이다. 그런 식으로 매일을 후회 없이 살아왔다.

지난번에 대학생들로부터 인터뷰 요청이 들어왔다. 대학 신문에 취업에 관한 인터뷰를 싣고 싶다고 했다.

"아오키 씨는 꿈이라는 것을 어떻게 생각하십니까?"라는 질문에 잠깐 침묵을 지키고 있자 "요즘에는 꿈이 없는 청년들이 많습니다. 어떻게 하면 꿈을 가질 수 있겠습니까?"라고 재차 진지하게 물어와 이렇게 대답했다.

"저는 현실의 연장선상에서만 이상을 생각하는, 어떤 의미에서는 '현실주의자'입니다. 꿈은 이상이라고 생각합니다. 그리고 이상과 현실에는 항상 간극이 있지요. 자신이 평소에 해야 할 일을 확실하게 처리하지 않는 사람에게 이상은 있을 수 없습니다. 사람이 성장하면 이상은 더욱 상향 조정됩니다. 그렇기 때문에 아무리 많은 시간이 흘러도 이상과 현실의 간극은 줄어들지 않습니다. 그래서 '개선'이 필요한 것입니다. 하루하루를 적당히 살아가는 사람은 꿈이나 이상에서 멀어질 뿐 결코 가까워질 수 없습니다. 저는 '목표 달성'이라는 것을 통하여 꿈을 실현해온 사람입니다. 과거에는 꿈이었던 것이 지금은 현실이 되었고, 이 현실의 연장선상에서 다음 단계의 이상을 생각하고 그 앞에 있는 더 큰 꿈을 품고 살고 있습니다. 따라서 꿈은 항상 바뀌지요."

나는 이런 생각을 바탕으로 일상생활을 연수의 터전으로 생각하며 살고 있다. 하루하루의 일상에서 연구를 계속하고 실천하는 과정을 통하여 말하기 능력도 향상된다. 이것이 울림 있는 말, 즉 전달력을 연마할 수 있는 가장 중요한 요소다.

성공 법칙은
'진실'에 있다

자신이 살고 있는 장소에서
'살아 있는' 말을 해야 한다.

프로 스피커의 입장에서는 사흘 동안의 연수든 10분 동안의 스피치든 구성은 같다. 물론 연수에서는 오랜 시간 사람을 끌어들일 수 있는 기술이 필요하지만 짧은 스피치라고 해도 결코 간단한 것이 아니다.

짧은 스피치를 잘 구사할 수 있으면 '스피치의 고수'가 될 수 있다. 결혼식에 초대를 받고 사람들 앞에서 짧지만 감동적인 축사를 할 수 있다면 말을 제법 하는 사람이다. 하지만 화술이 뛰어나다, 부족하다 하는 문제는 그렇게 간단히 구별할 수 있는 것이 아니다.

누구나 알고 있을 정도로 실적이 우수한 사람일수록 청중에게 깊은 감명을 느끼게 할 수 있다. 예전에 스모 선수 치요노 후지(千代富士)의 은퇴 기념 프로그램을 구성한 적이 있는데, 그때 "건강 관리는 어떻게 하고 계십니까?"라는 질문을 했다. 그러자 그는 단 한 마디, "내 몸에 물어보고 있습니다."라고 대답했다. 현실감이 강하게 느껴졌다. 역시 프로라는 생각이 들었다. 이 짤막한 말에서 엄청난 무게와 현실감을 느낄 수 있었던 것은 그가 혹독한 프로 세계를 몸으로 경험해온 챔피언(요코스나)이기 때문이다.

이처럼 단순하지만 울림이 강한 말은, 듣는 사람으로 하여금 상대의 그릇을 평가하면서 의미를 심화시키고 그 말의 진수를 발견해내기 위해 노력하는 과정에서 더 큰 감동을 만들어낸다. 같은 말이라고 해도 그 말을 하는 사람에 따라 전달력은 완전히 달라진다.

"커뮤니케이션의 고수가 인생의 고수다."

"삶이 곧 전달력을 만든다."

이것이 이번 장의 마무리다. 말을 잘하는 사람이 되고 싶은가? 혹은 프레젠테이션의 고수가 되고 싶은가? 아무리 열심히 화술을 익힌다고 해도 자칫하면 사기꾼처럼 보이는 경우도 있다. 단순히 '말하는 기술'을 판매하는 것이라면 상관이 없을

지 모르지만 강연 등에서는 전혀 먹히지 않는다.

성공의 법칙은 '진실'에 있다. 몇 번이나 강조하지만 사람은 '자신의 그릇', '자신의 분야'를 초월하는 이야기를 할 경우 거짓을 말할 수밖에 없다. 사람에게는 각각 살아가는 장소가 있다. 자신이 살고 있는 곳에서 '살아 있는' 말을 해야 한다. 따라서 본인이 발을 담고 있는 업계에서 먼저 최고를 지향하는 것이 전달력을 높이는 지름길이다.

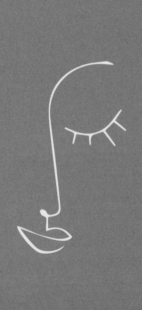

울림이 있어야
공감이 일어난다

말만으로는
울림이 전달되지 않는다

**단순히 말을 늘어놓는 것만으로는
정보의 7%밖에 전달할 수 없다.**

프레젠테이션에서 중요한 점은 단순한 '주장'으로 끝내서는 안 된다는 것이다. 자신의 말을 입증할 객관적인 데이터, 시각 도구 등을 자연스럽게 활용할 수 있어야 한다. 그것이 프레젠테이션의 성패에 큰 영향을 끼친다.

나는 세일즈맨 시절, 프레젠테이션을 앞두었을 경우에는 가능하면 객관적인 데이터와 영향력 있는 사람의 추천 등을 제시함으로써 신뢰를 높였다. 달리 말하면 '반론의 여지가 없는' 상황을 만드는 것이다.

예를 들어 변호사를 상대로 상품을 판매할 경우에 "우리 회사의 고객 중에는 이런 분들이 많이 있습니다." 하고 육체노동을 하는 사람들의 리스트를 제시하면 전혀 효과가 없다.

그 반대의 경우도 마찬가지다. 육체노동을 하는 사람들에게 '클래식 명곡 집대성 CD' 풀 세트를 판매할 때 그 제품을 구입한 변호사들의 리스트를 보여주면 반응이 거의 없을 것이다.

판매를 할 때는 "어떤 사람이 팔고 있는가?"에 따라 사람의 마음이 움직인다. 지인이 팔고 있다는 것만으로도 커다란 영향을 미치는 경우가 많다. 이와 관련하여 변호사, 의사, 대학 교수와 같은 사람들은 자신들과 비슷한 업계, 업종이나 지적 노동 수준이 높다고 알려진 사람들의 리스트를 '신용 필터'로 생각한다. 객관적인 데이터나 사실을 활용하는 경우에는 어떤 세계, 어떤 분야에 종사하는 사람인지 그 타입을 파악하고 그에 어울리는 표현 방식을 생각해야 한다.

지금까지 프레젠테이션에서는 '샌드위치 기법'이 효과가 있다고 알려져 왔다. 먼저 비유를 활용하여 상대의 욕구를 환기시킨 뒤에 감정 이입 단계로 들어가고, 대화 중반에 데이터를 삽입해서 뒷받침을 하고, 마지막에 '장점'에 초점을 맞추어 마무리를 짓는 방법이다. 비유나 이미지를 이용해서 우뇌에 호소하고 좌뇌에 작용하는 이론을 엮어가는 정통적인 프레젠테이션 기법이라고 할 수 있다. 이런 기술도 '전달력'이라는 측면에서 보면 바뀌어야 한다.

유명한 '메라비언(Mehrabian)의 법칙'에서는 단순히 말을 늘어놓는 것만으로는 정보의 7%밖에 전달할 수 없지만 목소리의 고저, 속도나 울림 등의 청각 정보가 가미되면 38%까지 전달력이 높아진다고 한다.

이와 관련한 재미있는 이야기가 있다. 어떤 보석상에 도둑이 들었다. 경찰은 현장 상황을 통해서 "보석상의 구조에 정통한 사람의 범행일 것이다."라고 판단하고, 직원 세 명의 알리바이를 심문했다.

수사관이 "자네가 한 짓 아닌가?"라고 추궁을 하자 첫 번째 직원은 "저는 하지 않았습니다."라고 대답하면서 '저는'이라는 단어에 유독 힘을 주었다. 그러자 수사관은 "흐음… 자네는 확실히 범인이 아닌 것 같군. 하지만 범인을 알고 있는 것 같은데?" 하고 추궁을 했다.

두 번째 직원도 "저는 하지 않았습니다."라고 했지만 이번에는 '하지'에 힘을 주어 대답했다. 그러자 수사관은 "이상하군. 이번에는 범인이 아니라고 해도 과거에는 뭔가 범행을 저지른 적이 있는 것 같은데. 안 그래?" 하고 추궁을 했다.

세 번째 직원은 "저는 하지 않았습니다."라고 대답하면서

'않았습니다'에 힘을 주었다. 그러자 수사관은 "자네는 정말 범행을 저지르지 않았군." 하고 풀어주었다.

즉, 같은 말이라고 해도 어느 부분이 강조되는가에 따라 전달력이 완전히 달라지는 것이다.

'메라비언의 법칙'으로 되돌아가 보자. 나머지 55%는 이른바 시각 정보다. 이미지 사진이나 영상 등의 시각적 표현은 물론이고 온몸에서 발산되는 에너지, 진지한 자세에 해당하는 '보디랭귀지'도 여기에 포함된다. '자기 자신의 언어'와 '시각에 호소하는 기술'이 필요한 것이다.

상대를 자신이 이야기하는 페이스로 끌어들이려면 1 대 1, 또는 1 대 복수라도 마찬가지지만 상대의 눈을 보고 미소를 잃지 않은 상태에서 진심을 담아 소통해야 한다. 여러 사람을 상대하는 경우에는 각 사람의 눈을 균등하게 보도록 한다.

듣는 사람의 눈을 바라보는 사람과 전혀 바라보지 않고 이야기를 하는 사람은 전달력에 엄청난 차이가 발생한다. 사람은 눈으로 '기'를 느낀다. 눈으로 보고 있지만 온몸으로 듣고 있는 것이다. 즉, 모공을 통해서도 듣는다고 생각해야 한다.

상대에게 무엇인가를 호소하고 싶다면 온몸으로 이야기해야 한다. 우선 눈을 바라보고 제스처를 섞으면서 몸 전체로

저는 하지 않았습니다.

"범인을 알고
있는 것 같은데?"

자네가 한 짓 아닌가?

"과거에는 뭔가 범행을
저지른 적이 있는 것 같은데."

저는 **하지** 않았습니다.

"자네는 정말 범행을
저지르지 않았군."

저는 하지 **않았습니다.**

말한다. 목소리는 목구멍이 아니라 배에서 내도록 한다. 발성법, 입 모양, 발음 등을 철저하게 훈련해야 한다.

뜸을 들여 긴장감을 주는 기술과 표현력을 몇 번이나 연습해야 하는 것은 물론이고 적절한 질문을 섞어가면서 상대의 관심을 끌 수 있도록 끊임없이 배려해야 한다. 이런 토대를 만드는 것이 프레젠테이션을 성공으로 이끄는 비결이다.

성실한 준비가
필요하다

**호흡을 하듯 끊임없이 새로운 정보를
습득해야 뒤떨어지지 않는다.**

나는 엄청난 메모광이다. 정보가 곧 생명이라고 생각하기 때문이다. 스피치 전문가일수록 열심히 공부해야 한다. 항상 새로운 정보를 접하지 않으면 즉시 시대에 뒤떨어지게 된다는 위기감을 끌어안고 있기 때문이다.

끊임없이 새로운 정보를 접하고 낡은 정보를 갱신하지 않으면 신선하고 관심을 끌 수 있는 이야기는 할 수 없다. 스님의 강론이나 목사의 설교도 현재의 시의성이 반영되어 있지 않으면 따분하게 들린다. 변함없는 가르침 속에도 새로운 정보가 추가되어야 비로소 감동과 울림을 전달할 수 있다.

나는 매일 아침 신문을 읽고 인터넷을 통해서도 정보를 살펴보는데, 일주일에 한두 번은 서점으로 달려가 트렌드를 놓치지 않기 위해 빠짐없이 둘러본다. "왜 이런 책이 출간되는 것일까?", "왜 많은 사람들이 이 책을 사 보는 것일까?" 하고 그 이유를 궁금해하면서 최소한 세 권 정도는 책을 사들고 돌아온다. 얼마 전에도 대여섯 권의 책을 구입했다. 다양한 잡지를 통해서도 정보를 습득하고 필요한 내용은 메모해둔다. 〈닛케이 비즈니스〉, 〈프레지던트〉를 비롯해 출장 중에는 고속 열차에 갖추어져 있는 〈웨지WEDGE〉를 반드시 읽는다.

정보는 신선도가 생명이다. 새로운 정보가 아니면 가치가 없기 때문에 매일의 정보를 수집해서 사회의 욕구를 이해해야 한다.

사람들과의 만남도 중요하다. 나는 성공을 거둔 사람들과 교류하는 시간을 소중하게 여긴다. 그들과 이야기를 나누다 보면 반드시 자극을 받기 때문이다.

산토리 럭비 팀의 전 감독 스치다 마사토(土田雅人)도 그중 한 사람이다. 그는 감독으로 취임한 이후 불과 2년 만에 다섯 가지 공식 경기에서 모두 우승하여 '5관왕'의 쾌거를 이루었다. 비즈니스맨으로서도, 럭비 감독으로서도 최고, 인간으로서도 그야말로 '성실'한 인품을 갖춘 사람이다. 마사토 감독을 만나고 온 뒤에 바로 받은 메일 내용도 훌륭해서 "역시 전국 최고가 된 데에는 그럴 만한 이유가 있구나." 하고 깊은 감명을 받았다.

1차 정보로 수집한 정보에는 빛나는 가치가 있다. 다양한 사람들과의 만남을 통하여 배우고, 열심히 메모를 하고, 그것을 내 것으로 만들 수 있다. 물론 사용할 수 있는 정보와 사용할 수 없는 정보가 뒤섞여 있고, 아무리 유익한 정보라고 해도 직업상 활용할 수 있는 것과 활용할 수 없는 것이 있다.

사람을 움직일 수 있는 말은 아무리 많이 해도 상관이 없지만, 마이너스 작용을 하는 말은 절대로 해서는 안 된다. 그것이 프로의 자세다. 호흡을 하듯 끊임없이 새로운 정보를 습득해서 자신의 일에 도움이 될 수 있도록 하자.

나 자신을
판매한다고 생각한다

**최고의 세일즈맨은 상대의 이야기를 들으면서
자신의 인품을 판매한다.**

세일즈맨이면 누구나 말을 잘할 것이라고 생각하지만, 사실은 그 이상으로 잘 듣는다는 사실을 알고 있는 사람은 별로 없다. 최고의 세일즈맨은 상대의 이야기를 귀 기울여 들으면서 자신의 인품을 판매한다.

말은 전혀 하지 않더라도 틈틈이 고개를 끄덕이며 경청하는 자세를 보이면서 '이 정도로 당신에게 관심을 가지고 있다.', '이렇게 당신을 생각하고 있다.'라고 침묵으로 호소한다. 또 간혹 적절한 질문을 하고 대답을 기다리면서 머릿속으로는 그 후의 전개를 생각한다. 비즈니스의 성과에 해당하는 'YES'

를 얻어내기 위해 대화를 조립해나가는 것이다.

듣는 자세와 말하는 기술은 밀접한 관계가 있다. 듣는 자세가 제대로 갖추어지지 않으면 상대 역시 나의 이야기를 들어주지 않는다.

이야기는 캐치볼과 같다. 던지는 것만이 중요한 것이 아니라 때로는 상대가 던지게 해야 할 필요가 있다. 최선을 다해 던지고 상대가 다시 던져주기를 기다린다. 그 캐치볼을 반복하는 과정을 통하여 커뮤니케이션이 완성되어간다.

상대가 대기하고 있는 장소를 향해서 적절한 속도로 공을 던지는 것이 캐치볼의 기본이다. 예상하지 못한 강속구를 던지면 상대는 부상을 당하거나 놀라서 도망칠 것이다. 상대의 입장을 존중하고 상대에게 맞추어 이야기를 해야 한다. 상대가 이해하고 받아들일 수 있는 이야기를 해야 한다. 이것이 배려다.

프로 스피커로서의 마음가짐이 미숙할 경우에는 말에 '상대를 깔보는 오만한 태도'가 드러난다. 예를 들어 '당신', '자네' 같은 표현은 절대로 사용해서는 안 되는 말이다. 상당한 나이 차이가 나는 연하의 상대를 향해 부드럽게 표현하는 경우에는 문제가 되지 않지만 프로 스피커를 지향하는 사람이 마치 윗사람이라도 된 듯한 고압적인 태도를 보인다면 상대는 부정적인 느낌을 받을 수밖에 없다. 이렇게 깔보는 듯한 단어를 쓰는 원인은 말을 하는 사람의 어딘가에 오만한 마음이 존재하기 때문이다.

프로 스피커라면 어떤 자리에서나 '여러분'이라는 표현으로 항상 듣는 사람과 동일한 위치에서 이야기를 해야 한다. '우리', '저희'도 동일한 위치에서 이야기한다는 느낌을 전달할 수 있는 좋은 표현이다.

그리고 중요한 것이 '웃음'이다. "웃음은 바람직한 인간관계의 바로미터"라고 한다. 즐거운 이야기는 그것만으로도 매력적이며, 웃음의 횟수가 증가할수록 커뮤니케이션의 질은 높아진다. 바꾸어 말하면 웃음의 횟수가 줄어들 때에 인간관계는 무너져간다. 이혼 직전의 부부가 전형적인 예다. 그들 사이에는 웃음이 거의 없다. 서로 웃음을 유도하지 않고 대화가 줄어들면 인간관계는 식어갈 수밖에 없다.

진지한 이야기도 중요하지만 유머 센스가 없으면 분위기가 어색해지는 경우가 많다. 나는 특히 '선택 이론'을 바탕으로 연수를 실시하고 있기 때문에 그 내용을 해석하여 다음과 같이 이야기하는 경우가 있다.

"여러분, 인간관계에서 가장 중요한 것은 서로를 배려하는 마음입니다. 윌리엄 글래서 박사는 '사람은 내부에서부터 동기가 부여되는 존재'라고 말했습니다. 그런데 이와 반대로 외부의 자극을 이용해서 상대를 바꾸겠다는 생각으로 비판하거나 꾸짖거나 불평을 늘어놓거나 화를 내거나 위협하거나 벌을 주거나 달콤한 당근으로 유혹하면 어떤 결과가 나오겠습니까? 잘 들어보십시오. 배우자의 성격이 바뀌기 전에 배우자가 아예 바뀔 수도 있습니다."

사람을 억지로 바꾸려 해서는 안 된다는 내용을 이런 식으로 표현해 웃음을 유도한 뒤 "아, 나는 지금까지 상대를 바꾸려고만 생각했구나." 하고 깨닫게 한다. 이렇듯 유머도 자신의 이야기를 호의적으로 듣도록 유도하는 기술이다.

마지막으로 누구나 간단히 실천할 수 있는 '자신을 판매하는 방법'이다.

"여러분, 안녕하십니까! 오늘 강연을 담당하게 된 △△사의 ○○입니다. 오늘은 최선을 다해서 강연을 진행해보겠습니다. 잘 부탁드립니다."

처음의 '여러분, 안녕하십니까!'라는 인사를 기억해두길 바란다. 강연이 끝난 뒤에 마지막으로 하는 말은 다음과 같다.

"오늘 제 강연을 경청해주셔서 정말 감사드립니다. 여러분의 진지하고 적극적인 자세에 힘을 얻어 기분 좋은 강연을 할 수 있었습니다. 진심으로 감사드립니다. 여러분의 앞날이 멋진 인생이 되기를 기원하면서 오늘 강연을 끝내도록 하겠습니다. 감사합니다!"

바람직한 감정을 이끌어내는 커뮤니케이션에서는 처음과 마지막의 인사가 매우 중요한 의미를 지닌다. 포인트는 '감사의 마음'을 반드시 메시지로 남기는 것이다.

마찬가지로 일대일의 프레젠테이션도 처음에는 정중한 인사를 하는 것부터 시작한다. 만나서 약 4분 만에 자신을 판매하는 것이다. 그리고 마지막은 이렇게 마무리한다.

"오늘 이렇게 만나 뵙게 되어 정말 영광이었습니다. ○○ 씨의 훌륭한 인품을 경험할 수 있어서 즐겁고 유익한 하루를 보낼 수 있었습니다. 이런 시간을 내주셔서 진심으로 감사드립니다. 앞으로도 자주 뵐 수 있기를 바라며 잘 부탁드리겠습니다."(깊숙이 머리를 숙여 인사한다.)

그리고 헤어지면 즉시 메일이나 문자를 보낸다. 메일이나 문자에는 만남과 관련하여 감사의 말을 첨부한다. 이런 작은 인사와 배려가 쌓이면서 상대에게 나의 '인품'을 판매할 수 있는 것이다.

인간관계는 인사로 반갑게 시작했다 하더라도 뒤따르는 이런 마무리 인사를 할 수 없게 된 시점에서 무너져간다. 어떻게 해서라도 상대의 마음으로 들어가야 한다. 그렇게 하려면 평소의 인사가 중요한 의미를 가진다.

상대의 이름도 가볍게 생각하면 안 된다. '이름을 기억한다'는 것은 '상대에게 관심을 가진다'는 것이기 때문이다. 나 같은 사람은 명함을 교환하는 것만으로 상대의 이름을 기억한다. 그리고 다음에 그 사람을 만나면 반드시 '○○ 씨'라고 이름을 부른다.

일류 호텔이나 골프 클럽의 프런트에서는 고객이 서비스를 의뢰하면 반드시 "알겠습니다, ○○ 씨. 잠깐만 기다려주십시오."라고 이름을 덧붙인다. 그렇게 하면 손님은 게스트로서 주목받고 있다고 생각한다. 앞에서 말한 '능력에 관한 욕구'(21쪽 참고)가 충족되는 것이다.

나도 연수에서는 "그럼 ○○ 씨가 대답해보십시오.", "○○ 씨는 이 점에 대해서 어떻게 생각하십니까?" 등으로 반드시 이름을 넣어서 말한다. 그만큼 듣는 사람도 진지하게 참가 의식을 가지고 참여하게 만드는 것이다.

만약 나의 이야기에 흥미가 없어 보이는 사람이 있다면 그 사람의 이름을 불러주자. 그렇게 하면 그 이후에는 틀림없이 흥미를 보일 것이다. 상대의 이름을 기억하는 것, 그 이름에 주목하는 것은 프로 스피커로서의 기본 자세다.

마음으로 말하면
마음으로 들어간다

말은 정보에 지나지 않지만 누가 그 말을 하는가,
그 근원에 어떤 마음이 존재하는가에 따라 의미가 달라진다.

유럽이나 미국 사람들이 흔히 쓰는 'LOVE(사랑)'라는 말을 우
리는 좀처럼 사용하지 않는다. 이상하게 쑥스러운 느낌이 들
어서 사용하는 데에 저항감을 느끼는 사람도 많다. 반대로 지
나치게 자주 사용해도 이상해 보인다.

하지만 '사랑'이라는 단어를 '배려'로 바꾸어보면 어떨까. '사
람을 배려한다.', '가족을 배려한다.', '부모님을 배려한다.', '친
구를 배려한다.' 등등.

배려가 곧 사랑이다. 대화를 하거나 프레젠테이션을 할 때
에는 배려하는 마음이 깔려 있어야 한다. '상대를 위한다'는

진심이 말의 전달력을 높여준다.

"머리로 이야기하면 머리로 들어가고 마음으로 이야기하면 마음으로 들어간다."

이 말대로 내가 진행하고 있는 '정점으로 가는 길' 강좌의 '피크 퍼포먼스 코스(Peak Performance Course)'에서는 말을 전혀 하지 않고 세일즈를 한다. 이것을 '말없는 세일즈'라고 부른다. 나는 '세일즈맨' 역할을 담당하고 수강생 중의 한 명이 '구매자'가 되어 다른 수강생 100여 명이 지켜보는 가운데 물건을 판매하는 것이다. 물론 대상자를 미리 선정하는 것이 아니라 앞줄에 앉아 있는 사람을 무작위로 지명한다. 그리고 상품을 한 가지 선택하고 나서 이렇게 말한다.

"지금부터 저는 이 상품을 ○○ 씨에게 팔겠습니다. ○○ 씨는 구매하고 싶은 생각이 들면 단 한 마디, '사겠습니다.'라고만 말씀해주시면 됩니다. 구매하고 싶은 생각이 들지 않는다면 '필요 없습니다.'라고 말씀해주시면 됩니다. 저는 말을 하지 않는 세일즈맨입니다. 단, 필담은 하겠습니다. ○○ 씨는 자유롭게 말씀을 하셔도 됩니다. …그럼 시작하겠습니다."

그러고는 말없는 프레젠테이션으로 들어간다. 이 과정에서 구매자 역할을 하는 사람이 간혹 눈물을 흘리는 경우도 있다. 사람을 움직이는 것은 말이 아니라 진심이고, 상대는 그 진심을 느끼면 마음이 움직이기 때문이다. 진심으로 프레젠테이션을 진행하면 그 '마음'이 상대에게 전달되는 순간, 상대는 감동을 하고 "알겠습니다. 사겠습니다."라고 말한다.

말없는 세일즈를 하고 나면 나는 하반신의 힘이 탁 풀린다. 그 정도로 '기'를 넣어 프레젠테이션을 진행한다. 그것이 바로 '전달하는 힘'이다.

진정한 '전달력'이란 말이 아니라 진심으로 전달하고 싶다는 '마음'이다. 전달력의 진수는 중심에 있는 '마음'을 말에 실어 표현하는 것이다. 말은 정보에 지나지 않지만 누가 그 말을 하는가, 그 근원에 어떤 마음이 존재하는가에 따라 의미가 달라진다. 말이라는 것은 성대를 움직여 눈에 보이지 않는 파동으로 상대의 마음으로 들어가는 것이다. 그렇게 말이 상대의 마음에 가 닿았을 때, 상대는 감동을 느낀다.

비어 있는
공간으로 파고든다

바람직한 일에는 당연히 기분 좋은
성취감이 있어야 한다.

"우리는 왜 행동하는가?" "우리는 왜 움직이는가?"

마케팅 세계에서의 '판매 심리학', '구매 심리학'과 같은 이른
바 '동기 부여(motivation)' 이론은 몇 세기에 걸쳐 연구가 진
행되어왔다. 세일즈맨 시절에는 "실적이 좋은 사람과 실적이
나쁜 사람의 차이는 무엇인가?" 하는 질문을 자주 들었다. 나
는 "세일즈는 과학(science)이며 심리학(psychology)이고 기술
(technology)이다."라는 지론을 가지고 연구에 힘써왔는데, 그
과정에서 심리학의 중심이 된 계통에 두 가지 흐름이 있다는
사실을 알게 되었다.

하나는 '외적 컨트롤 심리학'인데, 외부의 정보가 뇌로 들어와서 움직이게 한다는 이론이다. 또 하나는 '내적 컨트롤 심리학'이다. 이 이론에 따르면 사람의 행동은 유전자의 지시를 충족시키려는 최선의 선택일 뿐이다. 따라서 사람은 그것이 아무리 파괴적인 행동이라고 해도 그 상황에서 최선의 행동을 선택한다. 책임 소재가 외부에 있는 것이 아니라 본인의 선택에 있는 것이다.

이것은 말의 전달력을 설명할 때에 매우 중요한 의미를 지닌다. 즉, 말하는 사람이 어느 쪽의 심리학을 믿는가에 따라 프레젠테이션의 내용까지 바뀔 수 있다. '내적 컨트롤 심리학'에서는 '사람에게 동기를 부여하는 요인'이 그 사람의 내부에 존재한다고 생각하기 때문에 프레젠테이션에서도 우선 상대의 '욕구를 명확하게 하는 것'부터 시작한다. 그리고 지금 자신의 행동이나 상황을 '사실'로서 본인이 냉정하게 확인하고 '자기평가'를 하게 한다. 그 이후 '원하는 것'과 실제로 '지금 자신의 행동이나 상황'의 간극을 본인에게 묻는다. 그 간극에 욕구 불만(frustration)이 존재하기 때문이다.

만약 자기평가 단계에서 "이대로 행동하면 틀림없이 내가 원하는 것을 손에 넣지 못할 거야."라고 생각한다면 그때 비로소 정보를 제공한다. 상대는 비어 있는 공간(간극)에 그 정보를 받아들이고 행동을 바꾸려 하기 때문에 내가 제공한 정보를 '매우 유익하다'고 생각할 것이다.

하지만 '외적 컨트롤 심리학'에서는 '상대가 바라는 것'이 아니라 이쪽의 바람을 강요하여 상대를 바꾸려는 접근을 한다. 상대가 더욱 완고해져 마음을 열지 않으면 상대를 속이거나, 폭력으로 위협하거나, 괴롭히거나, 심리적으로 궁지로 몰아가는 기술을 이용할 수도 있다. 어느 쪽이 바람직한지는 굳이 말할 필요도 없다. 그렇기 때문에 나는 '선택 이론'을 소통의 기본에 놓고 있다.

1장에서 설명했듯 사람은 선택 이론에 근거한 '다섯 가지 기본적 욕구'와 자신만의 '좋은 세계'에 존재하는 욕구를 충족시키는 것에만 관심을 기울인다. 단, '욕구'가 명확한 사람과 명확하지 않은 사람이 있기 때문에 우선 자신의 욕구를 명확하게 인지하도록 도움을 주어야 한다. 그것을 일상생활 속에서 깨닫도록 지원하는 것이 카운슬링이다.

'욕구'가 구체적인 형태로 보여지는 것이 돈이며 시간적인 여유이고, 바람직한 인간관계이며 바람직한 일이다. 그리고 바람직한 일에는 당연히 기분 좋은 성취감이 있어야 한다. 사람의 행동은 그 사람이 품고 있는 '자신의 이미지'를 충족시키기 위한 최선의 선택이라는 사실을 반드시 기억하기 바란다.

그렇게 생각하면 프레젠테이션에서 "당신이 원하는 것은 무엇입니까?", "어떤 경우에 심리적으로 충족감을 느낍니까?"와 같이 상대의 '좋은 세계'에 초점을 맞춘 질문을 통하여 마음속 깊숙이 파고들 수 있다. 이것이 사람의 마음을 움직이는 '전달력'의 진수다.

배려와 신뢰로
울림을 끌어낸다

말은 사람을 살리기도 하고 죽이기도 한다

다이아몬드를 연마할 수 있는 것은 다이아몬드밖에 없듯
사람을 연마할 수 있는 것은 사람밖에 없다.

능력 개발의 본질은 '어떻게 해야 자신감을 키울 수 있는가'에 있다. 그런데 세상에는 틈만 있으면 다른 사람의 결점을 지적하는 사람들이 있다. 결점을 지적당한 사람은 부정적 암시에 걸려 무의식중에 그대로 믿어버리게 된다. '나는 할 수 없어.', '나는 쓸모없는 인간이야.'라고 생각하게 되어 스스로가 보는 '자기 이미지'가 내려갈 수밖에 없다. 그런 경우에는 자기 이미지에 맞는 수준으로만 능력을 발휘한다. 본래 그 사람이 갖추고 있는 능력을 충분히 활용할 수 없는 것이다.

반대로 '장점을 키우는 방법'으로 '칭찬'을 통한 육성이 있다. 칭찬을 바탕으로 단계를 밟듯 작은 성공 체험을 쌓아가면 "나는 할 수 있어!"라는 강한 신념을 가지게 되어 자신의 능력을 남김없이 가동할 수 있다.

나는 어떤 사람이든 무한대의 가능성을 갖추고 있다고 믿고 있다. 그렇기 때문에 스스로 '판단'하고 행동을 '선택'하고, 거기에 100%의 '책임'을 지고 살아갈 수 있도록 '자립'을 주제로 한 연수 프로그램을 진행하고 있다.

이른바 '컬트 집단'은 그 반대쪽에 위치한다. 그들은 어떻게 하면 자립하지 않고 지낼 수 있는가에 집중하여 '자신의 머리로 생각하지 않고 시키는 대로' 움직인다. 그래서 더욱 경계해야 할 무서운 존재다.

나는 사원들에게도 "○○ 씨는 이러이러한 점이 정말 좋아."라는 식으로 긍정적인 암시를 건다. 그럴 경우, "장래에 독립해서 반드시 사장이 될 수 있다."라고 믿고 최선의 노력을 기울이는 사원들이 나온다.

자신의 장래에 기대감을 품고 다양한 문제 상황이나 갈등도 대가를 선불로 지급하는 것이라고 생각하여 밝고 전향적으로 일을 할 때와, 의무감 때문에 어쩔 수 없이 일을 할 때가 있다. 똑같은 성취라 해도 그들의 기쁨이나 즐거움은 근본적으로 다르다.

'청탁(清濁)'을 모두 가지고 있는 존재가 사람이다. 사람에게는 반드시 장점과 결점이 있다. 그렇기 때문에 자신을 성장시켜 주는 긍정적인 사람을 만나면 장점이 증가하고 결점은 줄어든다. 한편 부정적인 사람을 계속 상대하면 결점만 부각되고 장점은 줄어든다.

내가 젊은 시절에 일했던 '풀 커미션 세일즈(Full Commissions Sales)'에는 지금도 잊을 수 없는 상사가 있었다. 그는 이렇게 말했다.

"아오키, 잘하고 있어. 지금까지 다양한 직원들을 경험했지만 자네만큼 적극적이고 최선을 다하는 사람은 만나본 적이 없어. 자네야말로 '나이를 초월한 내 라이벌'이야!"

이 '나이를 초월한 라이벌'이라는 말은 나의 인생에 버팀목이 되었다. 그 말로 인해 나 스스로에 대한 자기 이미지가 올라간 것이다. 그래서 지금도 말은 '사람을 살리기도 하고 죽이기도 한다'고 생각한다.

반대로 같은 조직 사회이지만 이런 가슴 아픈 이야기도 있다. 내가 젊은 시절에 세일즈 매니저로 발탁되었을 때의 일이다. 우리 팀 직원이 다른 팀 베테랑 매니저와 나란히 일을 추진하고 있었는데, 하루는 매우 풀이 죽은 모습으로 돌아왔다. 이유를 물어보니 그 베테랑 매니저에게 이런 말을 들었다는 것이다.

"나도 지금까지 별별 파트너들을 다 겪어봤지만 자네는 이 일에 전혀 맞지 않아. 이건 확신을 가지고 하는 말인데, 이 일은 그만두는 게 어때? 이 일을 하면 할수록 자네는 빚더미에 앉게 될 거야."

나는 그 말을 듣고 '정말 나쁜 사람'이라는 생각이 들었다.

풀 커미션 세일즈는 "눈 감으면 코 베어간다."는 말이 있을 정도로 살아남는 것 자체가 쉽지 않은 조직이다. 때로는 다른 팀의 신입 사원을 궤멸시키면서까지 자신의 실적을 올리려고 하는 선배들도 있다. 그런 현실은 충분히 이해하고 있었지만 당시는 혈기가 왕성할 때였다. 나는 잠자코 넘어갈 수 없었다.

"그 매니저에게 (도전하듯) '세일즈 현장에서 한 수 가르쳐주십시오.'라고 말해봐. 만약 그가 거절한다면 '제게 이길 자신이 없으십니까?' 하고 말하면 돼."

이후 그 매니저는 우리 팀 직원에 대해 전혀 참견을 하지 않게 되었다.

천하통일을 도모했던 전국시대 무장들의 성격을 나타내는 '두견새 이야기'에 내 마음을 비유하자면 다음과 같다.

오다 노부나가(織田信長)는 "울지 않는 두견새는 죽여야 한다.", 도요토미 히데요시(豊臣秀吉)는 "울지 않는 두견새는 울게 해야 한다.", 도쿠가와 이에야스(德川家康)는 "울지 않는 두견새는 울 때까지 기다려야 한다."라고 했지만, 나는 "울지 않는 두견새는 그것도 나쁘지 않다고 인정할 수 있어야 한다."라고 생각한다.

사람을 '컨트롤하는' 것이 아니라 그 사람이 할 수 있는 일인지, 할 수 없는 일인지 그 자질을 간파하는 능력, 가능성이 있는 사람을 주의 깊게 선별하는 안목이 중요하다. "다이아몬드를 연마할 수 있는 것은 다이아몬드밖에 없듯 사람을 연마할 수 있는 것은 사람밖에 없다."라는 생각으로, 자질이 있는 사람을 찾아 철저하게 연마시켜야 한다. 당사자의 입장에서 보면 일정 기간은 고통을 느낄지 모르지만 그 고통스러운 시기를 뛰어넘을 수 있는 강한 사람에게 투자를 하는 것이기 때문에 반드시 따라와 줄 것이다. 그런 식으로 능력을 최대한으로 끌어올려준다.

과거에는 '누구나 가능하다'고 생각했던 시기도 있지만 경력을 쌓으면서 조금씩 견해가 바뀌었다. 지금은 "어떻게 해서든 성공하고 싶다.", "지금보다 더 나아지고 싶다."라는 강한 바람을 가지고 있는 사람, 정확한 목표와 향상심을 가진 사람에게 투자를 하고 싶다.

유감스러운 일이지만 많은 사람들이 불평불만을 쏟아내며 일을 하고 있다. 그러나 부정적인 말보다는 감사하는 마음으로 상대의 장점을 찾아 칭찬을 해주어야 한다. 이것이 말로 사람을 움직이고 능력을 발휘하게 만드는 가장 큰 비결이다.

할 수 있다는
신념을 갖게 한다

어디까지나 본인 스스로 자기평가를 할 수 있도록
꾸짖어야 한다.

나는 이 세상에서 가장 아쉬운 것이 '네거티브(negative) 사고'
라고 생각한다. 네거티브 사고는 부정적인 사고이며 소극적인
발언을 낳는 온상이다.

반대로, '포지티브(positive) 사고'의 뿌리에는 긍정적이고 적
극적인 사고방식이 존재하기 때문에 그야말로 "나는 할 수 있
다!"라는 신념이 분수처럼 솟아오른다.

우리 연수 프로그램에서는 "지금까지의 인생에 감사합니다."
라는 말을 수강생들로 하여금 큰 소리로 외치도록 지도하고
있다. '할 수 있다'는 사고방식이 결과적으로 '할 수 있었다'는

현실을 만들기 때문이다.

"감사합니다."라고 말하면 모든 일을 긍정적으로 받아들이게 된다. "신은 우리가 해결할 수 없는 문제를 내주지 않는다."라고 믿고 행동하면 아무리 어렵고 힘든 일이라고 해도 결코 포기하지 않는다.

"이 문제를 극복하는 것이 성장하는 것이다. 내게 닥친 문제는 성장을 위한 촉진제다."

나는 문제가 발생했을 때 항상 이런 사고방식으로 임했다. 그렇기 때문에 내게 있어서 문제는 문제가 아니다. 문제를 포착하는 방법이 문제일 뿐이다.

만약 마음속으로 '나는 매일 모든 면에서 나빠진다.'라고 생각한다면 어떻게 될까? 아마 '내 인생은 끝났다.'라는 결과가 나올 것이다. 나는 두려워서 그런 말을 할 수 없다. 투덜투덜 불평을 늘어놓으면서 길을 걷는 사람이 있는데, 그는 부정적 암시에 걸려 있는 사람이다.

그렇기 때문에 나는 절대로 불평을 하지 않는다. 어떤 경우든 '감사'로 모든 것을 정화한다. 내게 일어나는 모든 일은 성장을 위해 주어진 과제와 같다. 그런 사고방식이 말의 힘을 만들어내고 울림을 낳는다.

꾸짖는 방법에도 신경을 써야 한다. 흔히 부하 직원이나 아이에게 불같이 화를 내거나 천둥 치듯 큰 소리로 고함을 지르는 사람이 있는데, 어디까지나 본인 스스로 자기평가를 할 수 있도록 꾸짖어야 한다.

'꾸짖다'의 대상은 '행위'가 되어야 한다. 다시 말해서 "당신의 인격은 존중하지만 행위가 만족스럽지 않아. 최종적인 성과에 대해 지금 하고 있는 일이 효과적인 것인지, 그런 선택을 해서 정말로 회사에 도움이 될 수 있다고 여기는지 생각해봐." 하는 식으로 자신의 행동을 돌아보고 개선할 점을 발견하도록 지원해주는 것이 '꾸짖다'라는 행위다.

타이밍도 잘 맞추어야 한다. 시간이 경과한 뒤에 과거형으로 불평을 하듯 이야기하는 사람이 있는데, 그래서는 자신의 생각이 제대로 전달되지 않는다. 그래서는 인간관계까지 나빠질 뿐이다. 불고기도 뜨겁게 익힌 상황에서 먹어야 맛이 있다. 아무리 고급 음식점이라고 해도 차갑게 식은 불고기는 맛이 없다. 꾸짖는 것은 문제가 발생한 직후에 이루어져야 한다.

그런데 꾸짖는다면서 '화를 내는' 사람이 있다. '화를 내는' 행위는 자신의 감정이 내키는 대로 상대의 인격을 무시하고 상처를 입히는 행위다.

상대를 향해 '바보', '무능한 인간'이라는 단어를 아무렇지 않게 내뱉는 사람도 있다. 이런 말은 절대로 해서는 안 된다. 상대의 자기 이미지를 대폭 깎아내리기 때문이다. 그 밖에도 예전에는 이러했다, 저러했다는 식으로 과거 이야기를 이끌어 내면서 비방을 하면 상대는 자신이 큰 잘못이라도 저지른 것처럼 느끼게 된다.

남들과 비교를 해서도 안 된다. "자네 동기들 실적 좀 보라고.", "다른 사람들은 다 잘하는데 자네는 왜 이런 일 하나 못하는 건가?"라는 표현들은 '꾸짖는' 것이 아니라 단순한 '괴롭힘'이다. 괴롭힘을 당하면 상대는 수긍하기보다 반드시 나중에 어떤 식으로든 보복하겠다는 마음을 품는다.

되풀이해서 말하자면 '꾸짖는' 것은 어디까지나 '행위'를 개선하는 방향으로 이끌어야 한다. 같은 실수를 되풀이하지 않겠다는 '약속(commitment)'을 받았으면 이후에는 본인의 개선 의지와 계획을 존중해야 한다. 자기 스스로 책임지게 하는 것이다.

사람을 육성하는 것은 '칭찬'만이 아니다. 책임 있게 '행동의 결과를 경험하게 하는 것'도 그 범주에 포함된다. 부하 직원의 자기평가에 관해서는 나도 엄격하다.

내 이야기를 듣는 상대에게 동기를 부여하여 자발적으로 문제의식을 가지게 한 뒤에 그 해결을 위한 정보를 명시하는 것이 사람을 움직이는 기술이다.

화술은 기술에서 나오고
경청은 그릇에서 나온다

**얼마나 진지하게, 진심을 가지고 들어주는가를 기준으로
사람을 판단할 수 있다.**

프로 스피커일수록 잘 듣는다는 사실은 앞에서도 설명했다. 그들은 끊임없이 고개를 끄덕이며 상대의 말에 귀를 기울이는 '듣기'의 명인이다. 잘 듣고 있기 때문에 질문도 적절하게 던질 줄 안다.

질문에는 '개방형 질문'과 '폐쇄형 질문'이 있는데, 개방형 질문은 자유롭게 이야기할 수 있도록 하는 질문이다.

"○○ 씨, 자동차는 좋아하십니까?"

"평소에 어떤 곳으로 여행을 가십니까? 휴일은 어떻게 보내세요?"

이렇게 '예', '아니오'로 대답하지 않아도 되는 질문이 '개방형 질문'이다. 이런 질문을 하면 상대는 가족 이야기도 할 수 있고, 취미나 여행 이야기도 할 수 있기 때문에 다양한 요소를 조합하여 개방적으로 이야기를 하게 된다.

이런 방식으로 질문한 뒤 "그렇습니까? 정말 즐거우시겠군요."라는 식으로 응대하는 자세를 갖추고 서로 간의 래포(rapport; 마음의 유대)를 만들어가는 것이다.

일반적인 대화든 프레젠테이션이든 초기 단계에서는 우선 상대를 잘 이해해야 한다. 《손자병법》에 "적을 알고 나를 알면 백전백승이다."라는 유명한 말이 있는데, 대화에서도 상대를 아는 것이 모든 것의 기본이 된다. 상대를 모르는 상태에서는 상대를 절대 이길 수도, 감동시킬 수도 없다.

'폐쇄형 질문'으로 납득을 시키면서 '예'를 이끌어내는 것은 개방형 질문을 한 이후의 일이다. 우선 경청을 통해 호감도를 높인 다음에 대화를 진행하면 된다.

"○○ 씨는 고향이 어디십니까?"

"저요? 아, 홋카이도(北海道)입니다."

"네? 홋카이도요? 홋카이도 어디인데요?"

이것이 대화를 이어나가는 일반적인 방법이다. 하지만 "고향

신뢰 관계를 구축하는 질문 방법

경청으로 호감도를 높인다.

평소에 어떤 곳으로
여행을 가십니까?

휴일은 어떻게
보내십니까?

개방형 질문으로 공통의 화제를 찾는다.

폐쇄형 질문으로 '예'를 이끌어낸다.

은 홋카이도입니다."라는 대답을 듣고도 "아, 그렇군요. 그런데 이 문제 말씀인데…."라고 상대의 대답에 아무런 반응을 보이지 않고 바로 화제를 바꾸는 사람이 있다. 이럴 거면 왜 고향에 관한 질문을 던진 것인지 이해할 수 없다.

일단 질문을 했으면 반드시 한두 번 공통의 화제를 이어가는 것이 기본적인 룰이다.

"사실 제 친구 중에도 홋카이도가 고향인 친구가 있습니다. 그쪽 분들은 성격이 모두 순수하고 우직하고 좋은 것 같더군요."라는 식으로 상대를 긍정해주면 바람직한 관계를 구축할 수 있고, "○○ 씨, 바쁘실 텐데 이제 슬슬 본론으로 들어가 볼까요?"라고 본론으로 옮겨가기 편하다.

이처럼 대화에서의 '분위기'를 잘 파악해야 한다. '장인 정신을 갖춘 마지막 아나운서'라고 불린 NHK의 명아나운서 스즈키 겐지(鈴木健二) 씨가 호스트 역할을 담당하는 '안녕하십니까'라는 프로그램이 있었다. 각계의 저명인사를 상대로 스즈키 씨가 인터뷰를 하면서 그 사람을 소개하고 '인생을 어떻게 살아야 할 것인가'라는 주제를 풀어나가는 프로그램이다. '다양한 문제에 직면했을 때에 그것을 어떻게 해결해왔는가'라는 질문을 하는데, 주옥같은 말들이 쏟아져 나오기 때문에 나도 인생에 관하여 정말 많은 것을 배웠다.

특히 대화를 이어가는 스즈키 씨의 능력에 감탄하지 않을 수 없었다. 그야말로 "잘 듣는 사람이 말도 잘한다."라는 말의 전형적인 모델이다.

말은 쉬지 않고 흐르는 강물 같은 것이다. 물은 정체되면 썩어버린다. 말도 마찬가지다. 말이 정체되지 않도록 하는 기술이 '적당한 맞장구'다. 대화 상대가 기분 좋게 이야기할 수 있도록 배려하고 신경을 써주는 것이다. 스즈키 씨를 보고 있으면 '이게 바로 일류 아나운서의 능력이구나.' 하는 생각에 감탄을 하지 않을 수 없다.

그런데 비즈니스 상담 등에서도 자신의 페이스로 끌고 가려고 질문을 해놓고 나서 그 대답을 무시하는 사람이 있다. 아니면 처음부터 친화적인 질문을 하지 못하는 사람도 많다. 결과적으로 신뢰 관계가 형성되지 않으면 최종 단계까지 가서도 이상한 반론이 나오는 경우가 종종 있다.

바람직한 커뮤니케이션에는 이야기를 '맞추어 가는' 기술이 필요하다.

"○○ 씨, 지금 그 말씀은 충분히 이해할 수 있습니다. 좀 더 듣고 싶습니다."

대화를 잘하는 사람은 상대의 말허리를 끊지 않고 이런 식으로 응답한다. 상대가 대화가 서툰 경우에는 얼마나 진지하게, 진심을 가지고 들어주는가 하는 것을 기준으로 사람을 판단할 수도 있다.

다음의 말을 반드시 머릿속에 입력해두자.

"화술은 기술에서 나오고 경청은 그 사람의 그릇에서 나온다."

상대에 대한 배려, 도량이 없으면 다른 사람의 이야기를 들을 수 없다. 또 무엇인가 이야기를 들으면 "그건 아니라고 생각해. 그건 잘못된 생각이야."라고 즉시 부정하는 사람이 있는데, 그런 반응이 몇 번 거듭되면 아무도 그 사람을 상대로 이야기하지 않을 것이다. 이런 사람은 부정적인 대답을 하는 순간 상대와 관계가 끊어진다는 사실조차 깨닫지 못할 정도로 감성이 부족한 사람이다.

그렇다면 상대의 말에 동의할 수 없는 경우에는 어떻게 응답해야 할까? 잠시 동안 상대의 이야기를 귀 기울여 듣는다. 그리고 "그렇군요. 그렇게 생각할 수도 있겠군요."라는 식으로 완벽하게 동의하지는 않는다는 뉘앙스를 대화에 섞으면서 잠자코 듣는다. 상대가 "그런데 ○○ 씨는 어떻게 생각하십니까?"라고 질문을 던지는 타이밍을 기다렸다가 "저는 약간 다른 견해를 가지고 있습니다."라고 부드러운 표현을 사용하는 것이 중요하다.

"어떻게 생각하시는데요?"

"아, 이건 바라보는 시각의 문제이기 때문에 어느 쪽이 옳다고 말할 수는 없지만 제 견해로는…."

이렇게 전제를 두고 자신의 생각을 이야기한다. 항상 상대에 대한 배려를 잊지 않는 것이 인간관계의 기본이다. 그다음에 자신의 생각이 받아들여지도록 적절하게 설명하는 것이 울림이 있는 말하기다.

상대가 원하는 것을
먼저 주어야 한다

**프로는 상대에게 이익이 되는 존재가 될 수 있도록
상대가 무엇을 원하는지 알아내려 한다.**

나는 '눈에 보이지 않는 파동'이나 '마음의 에너지'를 믿는다.
운이 좋다는 말을 듣는 사람에게는 반드시 상대에 대한 '배려'
가 있다. 그 배경에는 1장에서 설명한 "남에게 대접을 받고자
하는 대로 너희도 남을 대접하라."라는 황금률을 실천하려는
노력이 있을 것이다.

"제가 무엇을 하면 되겠습니까?"

"어떤 협력을 하면 도움이 되겠습니까?"

"저는 ○○ 씨를 위해 무엇을 할 수 있겠습니까?"

"○○ 씨가 원하는 것과 관련하여 제가 어떤 지원을 하면 되

겠습니까?"

이런 말들은 황금률을 실천하기 위한 '지침'이라고 할 수 있다.

결과적으로 이 황금률을 실천하는 사람이 경제적으로 축복을 받고 번영을 누리게 되는 것은 당연하다. 상대가 원하는 것을 주었는데 빈곤해질 리는 없다.

시장에 가치가 있는 것을 제공한 사람은 반드시 경제적 축복을 얻을 수 있다. 반대로 말하면, 경제적으로 풍요로워질 수 없는 사람이란 충분한 가치를 만들어내지 못하는 사람이라는 뜻이다. 수입은 자신의 시장가치를 나타내는 가장 정확한 물적 증거다. 따라서 자신의 시장가치를 입증하지 못하는 사람은 완전한 프로가 되지 못한 아마추어라고 바꾸어 말할 수도 있다.

프로는 자신의 능력을 비싼 가격에 판다. 일의 기승전결을 구성하고 최종적인 성과로부터 역산하여 일을 할 수 있어야 자신의 가치를 높일 수 있다.

"아마추어는 프로세스를 주장한다. 하지만 프로는 결과로 이야기한다."

이 말대로 결과가 중요하다. 그렇기 때문에 프로는 상대에게 이익이 되는 존재가 될 수 있도록 상대가 무엇을 원하는지 알아내려 한다. 바꾸어 말하면 자신이 상대의 바람을 충족시켜줄 수 있는 존재가 되도록 최선의 노력을 기울이는 것이다. 어쨌든 상대의 입장에서 볼 때 가치 있는 존재가 되는 것이 성공의 비결이다.

결정적인 한마디로
울림을 더한다

'결정적인 한마디'에서는 거짓을 말해서는 안 된다.
반드시 진심이 깃들어 있어야 한다.

어려운 이야기를 어렵지 않게 가능한 한 쉽게 풀어서 이야기
해도 상대의 반응이 미적지근할 때가 있다. 이해하기 어려운
내용을 전할 경우에는 핵심 포인트를 짚어 내용을 압축하고
비유를 들어 쉽게 설명해야 한다. "이 부분은 이해가 되시죠?"
라는 식으로 가끔 질문을 섞어가면서 상대가 올바르게 이해
하고 있는지도 확인해야 한다. 상대의 표정을 보고 이해하지
못한 듯한 느낌이 든다면 더 이상 진행하지 말고 포인트를 다
시 잡고 다른 표현으로 바꾸어볼 필요가 있다.

복잡한 이야기는 정성을 들여 차분히 풀어나가야 한다. 주

변의 화제를 이용하면서 이해하기 쉽게, 열의를 담아 이야기하면 '전달력'도 자연히 높아진다.

나도 세일즈맨으로 일할 때 신입 사원 시절 진지하게 "이 일을 그만둘까?" 하고 고민했던 적이 있다. 그때 상사가 내 표정을 보고 "이봐, 자네, 나랑 잠깐 이야기 좀 하지." 하고 부르더니 "지금 쓸데없는 생각을 하고 있지?"라고 직접적으로 질문을 해왔다. 속마음을 들켰다는 생각에 "네? 그걸 어떻게…?" 하고 당황한 모습을 보이자 상사는 "얼굴에 씌어 있어."라고 말했다.

그리고 상사는 지금까지도 잊을 수 없는 '결정적인 한마디'를 나에게 해주었다.

"잘 들어. 나는 반드시 자네가 해낼 수 있다고 생각하네. 내가 믿고 있는 자네 자신과, 절대로 할 수 없다고 생각하는 자네 자신 중에서 어느 쪽 자신을 더 믿을 수 있나?"

갑작스러운 질문에 나는 나도 모르게 "매니저님이 할 수 있다고 믿어주시는 제 자신을 믿습니다."라고 대답했다.

"알았어. 그렇다면 앞으로는 부정적인 생각은 할 필요가 전혀 없어. 내가 반드시 할 수 있다고 믿는 자네 자신을 믿고, 자신감을 가지고 일단 내가 맡긴 일을 실행해봐. 그렇게 했는데도 뜻대로 일이 진행되지 않았을 때에만 고민을 하는 거야.

알겠지?"

이 말은 내게 '결정적인 한마디'였다. 그 후 세일즈에서의 내 인생은 꽃을 피우게 되었고 현재의 나를 만들어낼 수 있었다. 그때 상사의 '한마디'가 없었다면 지금의 나는 존재하지 않았을지도 모른다. 이것만 봐도 말 한마디가 얼마나 중요한지 뼈저리게 되새기게 된다.

나도 사흘 동안의 연수를 마무리하면서 맨 마지막 메시지로 반드시 이 '결정적인 한마디'를 던진다. 자신과의 약속인 '자기 선언문'을 수강생들과 함께 읽은 뒤에 마지막으로 '영혼의 절규'를 담아 큰 소리로 이렇게 말하는 것이다.

"여러분, 인생은 선택입니다! 한 번뿐인 인생입니다! 단 한 번뿐인 인생을 어떻게 살아야 하겠습니까? 최선을 다해 살아도 한 번뿐이고 대충 살아도 한 번뿐입니다. 인생의 마지막 순간 여러분은 어떤 말을 남기고 싶습니까? 이 세상에 태어날 수 있어서 정말 행복했다고 말할 수 있는 인생을 살도록 합시다. 사흘 동안의 긴 연수를 잘 참아내주셔서 감사합니다! 정말 감사합니다!"

마지막 메시지를 끝으로 수강생들이 모두 자리에서 일어나면 '엔딩 테마'가 크게 흘러나오면서 박수와 함께 긴 연수가 막을 내린다.

　무엇보다 '결정적인 한마디'에서는 절대로 거짓을 말해서는
안 된다. 반드시 진심이 깃들어 있어야 한다. 이것만큼은 내가
사람을 만날 때나 연수를 진행할 때 반드시 지키고 있는 원칙
이다.

상대를 반드시
이기게 한다

상대의 성공을 위해
나의 능력을 사용한다

**타인 또는 자기 자신과 싸워온 에너지를
'공헌'이라는 에너지로 전환한다.**

사람은 누구나 풍요로운 인생을 보내기를 바란다. 풍요로운 인생을 보내려면 먼저 다른 사람에게 도움이 되는 인생을 살아야 한다.

'가치와 가치의 교환'으로 성립되는 자본주의에서는 "다른 사람들이 원하는 물질을 제공하는 방식으로 자신이 원하는 것을 손에 넣는다."라는 것이 성공의 비결이다.

경제적으로 풍요로워지고 싶다면 '전문가(specialist)'가 되는 것이 첫 번째 단계다. 그다음에는 조직원으로서의 무대가 기다리고 있다. 여기에는 자신의 수준으로까지 조직원을 끌어올리는 매니지먼트 기술이 요구된다.

전문가는 '자기실현 욕구'가 강하다. '승-패'의 패러다임으로 성공을 거두는 사람이기 때문에 타인보다는 자신의 승리에 집중한다. 자신은 승리하지만 타인은 패배하는 '고독한 부자 타입'이다. 전문가가 조직원이 되었을 때에는 자신의 '승-패' 패러다임을 이른바 '승-승'의 패러다임으로 바꾸어야 한다. 자기실현 욕구가 강하기 때문에 타인 또는 자기 자신과 싸워온 에너지를 '공헌'이라는 에너지로 전환하는 일은 매우 어려운 작업이다.

자기실현은 전문가의 가치관이며 '상대를 이기게 한다'는 가치관은 조직원으로서의 가치관이다. '상대를 반드시 이기게 한다'고 생각한 순간부터 접근 방식과 전달 방식은 달라진다. 모든 판단 기준이 상대방을 이기게 하기 위해서는 '무엇이 올바른가'로 전환되는 것이다. 조직원으로서의 성공은 결국 자신도 승리하고 상대도 승리하는 최상의 결과를 낳는다.

성공의 길로 가는
네 가지 단계

다른 사람을 자신의 수준으로까지 육성할 수 있는가?
다른 사람에게 공헌하는 삶을 살 수 있는가?

앞에서 설명했듯 전문가는 이른바 '기능화'된 세계에 있다가,
조직원이 되면 '조직화'된 세계로 들어가게 된다. 이 두 가지는
상반된다. 기능화를 통하여 철저하게 자신의 수준을 끌어올린
사람이 사물을 보는 사고방식, 즉 '자기완성 논리'를 조직화할
때에는 '봉사 논리'로 바꾸어야 하기 때문에 난관에 부딪힐 수
밖에 없다.

하지만 다른 사람을 자신의 수준으로까지 육성할 수 있는
가, 다른 사람에게 공헌하는 삶을 살 수 있는가에 '집중하는'
사람만이 최종적으로 성공의 길을 개척할 수 있다. 거기에는

'4M'이라는 네 가지 단계가 있다.

처음에는 '머니(Money)' 수준부터 출발한다. 나는 빚을 내서 프로 세일즈 세계로 뛰어들었기 때문에 '머니' 수준에서 일할 수밖에 없는 상황이었다. 그때는 많은 사람들을 만나 열심히 설명을 하고 한 건이라도 더 많은 계약을 받아내기 위해 최선을 다했다.

다음에는 '메달(Medal)'에 해당하는 '명예', '포상' 수준이다. 나는 목표를 가지고 애쓴 덕분에 '머니'와 '메달'을 모두 달성할 수 있었다. 자기완성 논리 안에 있는 자기실현에 대한 욕구를 충족시킨 것이다.

다음 수준은 '미션(Mission)'이다. 이 단계의 나는 조직원으로서 부하 직원을 내 수준으로까지 끌어올리는 데에 전력을 기울였다. "의식이 족해야 예를 안다."라는 말이 있다. 이제 사명감을 가지고 일하는 단계인 것이다.

그리고 지금은 '메시지(Message)' 단계로 접어들었다. '전달력'에서는 최상위 단계에 해당한다. 나는 현재 하고 있는 일을 지속할 수 있다는 데에 감사하고 그야말로 천직이라고 생각한다. '전도자'가 되어 메세지를 전달하는 것이다.

이와 관련된 흥미로운 이야기가 있다. 오래전 미국 기독교

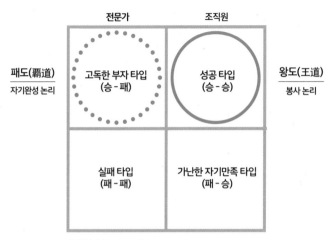

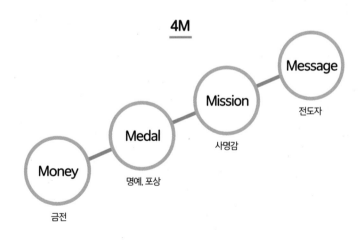

선교 단체가 아프리카로 선교사를 파송하기 위해 지원자를
모집했다.

"자원할 사람 없나?"

살아 돌아올 수 있다는 보장은 없었다. 그러나 그곳에 모여
있던 선교사들은 모두 손을 들었다.

"네! 저를 보내주십시오!"

"저도 가고 싶습니다!"

그래서 제1진이 몇 개의 그룹으로 나뉘어 아프리카로 떠났다.
그런데 몇 개월이 지나도 연락이 없었다. 모두 목숨을 잃은 것
이라고 생각했다. 하지만 포기하지 않았다. 어떻게든 전하고
싶은 메시지가 있었기 때문이다. 그래서 제2진을 결성하기로
했다.

"자원할 사람 없나?"

"네! 저를 보내주십시오!"

"저도 가고 싶습니다!"

모두 자신의 손을 높이 들어올렸다. 당연히 돈 때문에 가는
것이 아니다. 포상이나 명예를 위해 가는 것도 아니다. 어떻게
든 전하고 싶은 메시지가 있기 때문에 목숨을 걸고 가려는 것
이다.

'전달력'을 가진, 즉 울림이 있는 말하기의 마지막 수준은

'메시지'다. 감동을 낳는 삶이란 사리사욕보다 눈앞에 있는 사람을 위해 '나는 무엇을 할 수 있을까' 하는 생각을 가지고 진지하게 몰두하는 데 있다. 그렇게 하기 위해 우선 자신을 최고의 모델로 만들고 아랫사람을 자신의 수준까지 끌어올려야 하는 것이다.

그 후 아프리카에는 선교사들이 잇달아 파견되었다. 제2진 역시 소식불통이었고, 제3진, 제4진, 제5진도 마찬가지였지만, 그렇게 해서 지금 아프리카에 기독교는 물론이고 서양식 학교, 설비를 제대로 갖춘 현대식 병원도 들어가게 됐다. 문명의 유입은 부정적인 측면도 있지만 긍정적인 측면도 있다.

"목숨을 던지더라도 반드시 전하고 싶은 것이 있다."

이것이 가장 본질적이고 순수한 '전달력'이다.

진심은 반드시
통하게 되어 있다

풍요로운 인생을 살아가는 진짜 비결은
주변 사람들을 풍요롭게 만드는 것이다.

"마음으로 이야기하면 마음으로 들어간다."

"머리로 이야기하면 머리로 들어간다."

"입으로만 이야기하면 입에서 맴도는 말로 끝난다."

정신적으로나 물질적으로 풍요로운 인생을 살아가는 진짜
비결은 '주변 사람들을 풍요롭게 만든다'는 것이다.

"행복해지고 싶으면 주변 사람을 행복하게 만들어야 한다."

"성공하고 싶으면 주변 사람을 성공하게 만들어야 한다."

성공을 하려면 성공을 하기 위한 방법을 배워야 한다. 당연
한 이치인데도 많은 사람들이 가능하면 편안하고 쉬운 방법

을 찾으려고 애를 쓴다.

나는 누구보다 진지하게 자기 계발을 해왔다. 수천 권의 자기 계발 서적을 읽었다. 풍요로운 인생을 살고 싶다는 바람을 가지고 공부를 했고 결과적으로 풍요로워졌다. 우리 회사에는 많은 사람들이 공부를 하러 오지만 나는 그중에서 가장 공부를 많이 하는 사람이고 싶다. 그리고 철저하게 나 자신과 마주하여 하루하루를 진지하게 살아가는 삶을 실천하고 싶다. 이것이야말로 성공의 비결이라고 확신하고 있기 때문이다.

자기 이미지를 높이고 내리는 데에는 자신의 언어와 습관, 하루하루의 실천과 행동이 관련되어 있다. 나는 끊임없이 명확한 목표를 설정하고 그것을 언어로 표현하면서 구체적으로 계획하고 실천해왔다. 용접공 견습생으로 첫 사회생활을 시작했지만 한 걸음씩 단계를 밟아 꿈을 실현할 수 있었기 때문에 자기 계발을 하면 인생을 개척할 수 있다고 자신 있게 말할 수 있다.

나는 세일즈, 매니지먼트, 컨설팅 일을 성실하고 진지하게 수행해왔고 '매일이 승부'라고 생각하며 도전했다. 그 결과 사람의 마음을 움직이는 '전달력'을 갖출 수 있었다. "성공은 성장의 열매다." 여러분도 인생에서 이러한 '전달력'을 갖추고 최대한 활용할 수 있기를 바란다.

타인의
인생에 기여한다

각각의 사람이 풍요로워지면
이 사회 전체가 풍요로워진다.

성공이란 다른 사람들의 기본적인 욕구를 충족시키는 데에 도움을 주면서 자신이 정한 목표와 목적을 실현한 것이다. 상대를 진심으로 대하고 상대를 행복하게 하는 것, 상대를 성공시키는 것, 상대를 풍요로운 인생으로 이끄는 것, 이것이 성공이라는 말이다. 성공과 '전달력'이 밀접한 관계인 것도 이 때문이다. 다른 사람의 인생에 기여하려는 사명감이 성공을 불러온다. 각각의 사람이 풍요로워지면 이 사회 전체가 풍요로워진다는 사실을 명심하자.

그러기 위해서는 자신만의 확실한 '신념'이 필요하다. 그 위에 장래에 원하는 모습을 '비전'으로 그려나가면 '목표'를 설정하고, '계획'을 세우고, '매일의 실천'에 의해 일관성 있는 삶을 살아갈 수 있게 된다.

그 앞에는 반드시 성공이 기다리고 있다. 한 번뿐인 인생, 두 번 다시 찾아올 수 없는 인생이니 후회 없는 인생을 보내도록 하자. 최선을 다해 살아도 한 번, 대충 살아도 한 번, 어쨌든 한 번밖에 지나갈 수 없는 길이다. 여러분의 인생이 행복과 사랑과 번영으로 가득 차기를 기원한다.

울림을 극대화하는
10가지 포인트

01
논점이 명확한가?

'무엇을 위해', '누구를 대상으로',
'왜 이런 이야기를 하는가'를 명확하게 설정한다.

이야기의 논점은 '무엇을 위해', '누구를 대상으로', '왜 이런 이야기를 하는가'를 명확하게 해야 한다. 거기에서부터 출발해서 '상대가 어떤 성과를 얻도록 하고 싶은가' 하는 목적에 따라 이야기를 진행한다.

이렇게 하면 필연적으로 논리가 올바르게 구성되기 때문에 대규모 프레젠테이션이라고 해도 전체적인 맥락을 흐트러뜨리지 않고 정확하게 전달할 수 있다.

일대일의 프레젠테이션이라면 상대가 논점에서 벗어난 이야기를 시작하더라도 "○○ 씨, 본래의 이야기로 돌아가도 되겠습니까?"라는 식으로 간단히 궤도를 수정하여 원래의 논점으로 돌아갈 수 있다.

논점을 정확히 전달하는 것이야말로 전달력 있는 말하기에서 가장 중요한 주제다.

02
자신의 의견이 있는가?

**사람을 움직이려면 그 근원에
'신념'이 있어야 한다.**

어떤 경우라도 '누군가 말했기 때문'이 아니라 '나는 이렇게 생각한다'는 분명한 의견을 가지고 있어야 한다. 가령 과장이 자신의 부하 직원에게 주의를 줄 때 부장의 권위를 빌려 이야기하는 경우가 있다.

"자네의 아이디어, 나는 좋다고 생각하지만 부장님이 개선을 해야 한다고 말씀하셔서서 말이야…. 아니, 나는 괜찮다고 생각해. 오해하지는 말게."

이렇게 말하면 부하 직원으로부터 다음과 같은 반발이 있을 때에 수습을 할 수 없다.

"하지만 과장님은 괜찮다고 말씀하시지 않았습니까? 그렇다면 부장님에게도 확실하게 그 뜻을 전해주십시오."

전달력을 높이고 싶다면 상대가 자신을 어떻게 볼지 이해득실을 따지지 말고 어디까지나 직접적으로 표현해야 한다.

"이번 제안은 솔직히 말해서 그대로 받아들이기는 어려워. 이 일의 목적을 생각할 때 이런 진행 방식은 내 경험상 기대한 만큼의 결과를 도출해내기 어렵거든. 그때 가서 결과적으로 자네를 원망하고 싶지는 않아."

상대가 어떻게 해주기를 바라는지를 직접적으로 요구해야 한다. 세일즈든 매니지먼트든, 또는 스피치 전문가로서 이야기를 할 때도 자신의 의견이나 생각을 명확하게 가지는 것이 기본이다. 사람을 움직이려면 그 근원에 '신념'이 갖추어져 있어야 한다.

03
누구에게 이야기하고 있는가?

**말을 할 대상을 압축하지 않는 한,
시간 낭비가 될 우려가 높다.**

"어떻게 하면 목표를 달성할 수 있겠습니까?"라는 질문을 나는 자주 받는다. 대답은 간단하다. 목표를 향해 살면 된다.

나는 나 자신의 '목표 달성'을 위해 강연을 하는 장소를 엄격하게 선별한다. 다양한 기관으로부터 강연을 해달라는 요청이 들어오지만 목적에 맞지 않는 장소에는 가지 않는다. 가능하면 우리 회사의 전략적 목표 달성 프로그램인 '정점으로 가는 길' 강좌의 대상이 되는 사람들 앞에서 강연을 하려고 신경 쓰고 있다.

간혹 거기에서 벗어난 장소에서 강연을 하는 경우도 있는

데, 그런 경우는 봉사다. 순수한 마음으로 강연을 하고 싶은 대상이 있어야 한다는 전제하에서 도시락을 지참하고 달려간다. 물론 돈은 받지 않고 사적인 시간에 움직인다.

오랜 세월 말을 하는 일을 생업으로 삼아온 나는 나 자신의 시간당 부가가치를 최대한으로 창출하기 위해 노력해왔다. 말을 할 대상을 압축하지 않는 한, 시간 낭비가 될 우려가 있기 때문이다.

1일 기준으로 연수를 요청받아 강연을 하면 약 50만 엔을 받는데, 단순히 그 일을 되풀이하면 20일 동안 계속한다고 해도 1천만 엔이다. 연봉으로 계산하면 1억 2천만 엔이다. 이래서는 직원 백 명이 넘는 회사를 도저히 이끌어나갈 수 없다.

그래서 경우에 따라 연수 이후에는 시간 관리 개념이 응축된 수첩을 사용하게 한다. 또 그 수첩을 활용한 연수를 기업에 도입한다. 기술을 상품으로 바꾸어 비즈니스에 반영하고 있는 것이다. 기업 안에 목표 달성 기술을 가르치는 사내 코치(instructor)를 육성하고 로열티를 받는 구조를 만드는 경우도 있다.

"시간은 돈이다."라는 말이 있듯이, 한정된 장소에서의 일만으로는 최종 목표를 달성할 수 없다. 그래서 연속적으로 확장해갈 수 있는 매니지먼트를 도모하고 있다.

목적이 없이 이야기하는 것만큼 시시한 일은 없다. 철저하게 프로가 되어야 한다. 반대로 사적으로는 과묵한 편이다. 입이 무겁고 결코 말이 많은 편이 아니다. 쓸데없는 말을 많이 하는 사람은 아마추어다.

04
도달점이 확실한가?

말을 할 때에는 도달점을 어디에 둘 것인지
목표를 명확하게 설정해야 한다.

단순한 지식 전달인가, 상대의 행동까지 바뀌기를 바라는가
에 따라 말을 하는 방법, 트레이닝 방법, 프레젠테이션 스타일
까지 크게 바뀐다. 말을 할 때에는 도달점을 어디에 둘 것인지
목표를 명확하게 설정해야 한다.

가령 세일즈를 위해 프레젠테이션을 할 때 내가 생각하는
도달점은 간단하다. 'YES!'(성공 약속)다. 모든 대화는 목적을
향하여 조립되어 있다. 매니지먼트를 할 때도 마찬가지다. 부
하 직원이 목표를 명확하게 잡도록 하고 '이기게 하는 것'을
최종 도달점으로 설정하여 관리한다.

"목표 달성에 도움이 되는 것은 중요한 것이며 목표 달성에 도움이 되지 않는 것은 중요하지 않다."

이야기의 도달점을 명확하게 하려면 이것이 기본적인 판단 기준이 되어야 한다.

얼마 전 전철을 이용해서 지방으로 출장을 갔을 때 옆자리에 앉아 있는 우리 회사의 간부에게 다음과 같은 질문을 던졌다.

"사원들을 어떻게 대하면 보다 더 좋은 직장이 될 수 있다고 생각합니까?"

그는 '이러이러한 것들을 개선하면 좋겠다'고 몇 가지 아이디어를 냈다. 나는 수첩을 펼치고 왼쪽 페이지에 끼워져 있는 '책갈피'를 보면서 그의 제안을 메모했다.

그러자 그가 나를 보더니 깜짝 놀란 표정을 지었다. '책갈피'에는 올해의 기업 경영자로서의 목표가 요약되어 있었다. 나는 그의 발언 중에서 책갈피에 씌어 있는 목표 달성에 도움이 되는 내용만을 메모하고 그 이외의 내용은 무시하고 있었던 것이다. 그 모습을 보고 놀란 듯했다. 나는 그에게 이렇게 말했다.

"이것은 매니지먼트뿐만 아니라 인생에서 성공을 거두는 나만의 비결입니다. 눈에 보이지 않는 사고가 눈에 보이는 현상을 만들어내는 것이죠."

말을 하는 목적에는 대상이 되는 사람이 '최종적으로 어떻게 되기를 바라는가.', '원하는 성과를 얻을 수 있는가.' 하는 도달점이 존재한다는 것을 잊어서는 안 된다.

05
기본을 철저하게 지키고 있는가?

**기본적인 인사를 할 수 있는가,
그렇지 않은가 하는 것으로 전달력이 달라진다.**

단언컨대, 상대를 만났을 때 밝은 인사를 할 수 있는 사람은 반드시 더 풍요로운 인생을 보낼 수 있다.

"안녕하세요!"

"반갑습니다."

"감사합니다."

"안녕히 가십시오."

이 기본적인 인사를 할 수 있는가, 그렇지 않은가 하는 것으로 전달력은 크게 달라진다. 나는 사람들 앞에서 이야기를 할 때에도 처음에는 반드시 인사부터 시작한다. "여러분, 안녕하십니까!" 하고 밝고 힘차게 인사를 건네면 고객들도 답례를 한다. 인사는 마음가짐의 반영이다.

"당연한 것을 특별히 더 열심히, 철저하게 실행한다."

평범한 일에 철저해야 한다는 것은 인생에 있어서도 가장 기본이 되는 부분이다.

직원들이 앞장서서 밝은 인사를 하는 사무실은 좋은 회사다. 내가 고문을 맡고 있는 회사들 중에서도 방문객의 얼굴을 보자마자 직원들이 "안녕하세요!", "그동안 잘 지내셨지요?"라고 모두 자리에서 일어나 밝은 목소리로 인사를 하는 기업이 있다. 그들 기업은 대체로 실적이 향상된다.

반대로 방문을 해도(이것은 내가 고문을 담당하고 있는 회사는 아니다.) 모두 고개를 푹 숙이고 눈으로만 흘깃 바라볼 뿐 전혀 움직이지 않는 회사가 있다. 경영자의 직원 교육이 태만하다는 증거다. '고객 제일주의'를 가르친다면 인사 하나에도 훌륭한 태도를 보일 것이다.

나는 우리 아이들에게도 인사만큼은 철저하게 가르친다. 아이들에게는 이런 말을 자주 한다.

"인사는 모든 것의 기본이야. '감사합니다.'라는 인사를 언제

어디서나 잊어서는 안 돼. 감사의 마음이 인간관계에서 가장 중요한 거야."

상대에게 호감을 얻지 못하면 자신이 무엇인가 전달할 것이 있다고 해도 아무도 귀를 기울여주지 않는다. 인사는 호감도를 높이는 첫 번째 기준이다.

06
요점을 몇 개로 간추릴 수 있는가?

대화를 할 때 안건이 세 가지 이상이 되면
상대의 의식이 분산될 수밖에 없다.

"이번 미팅은 시간이 30분밖에 없기 때문에 우선 의제부터 명확하게 말씀드리겠습니다."

유능한 사람이 주도하는 회의는 이런 말로 시작된다. 포인트를 먼저 제시해두면 논제가 명확해지고 회의는 군더더기 없이 깔끔하게 진행된다.

전화를 할 때도 인사를 했으면 "오늘 전화를 드린 이유는 두 가지 점에 있어서…"라고 안건의 개수를 미리 이야기한다. "하나는 이러이러한 건이고, 또 하나는 저러저러한 건인데 이 두 가지 건에 관하여 의견을 듣고 싶습니다."라는 식으로 시작하는 것이다.

나는 세 가지 이상의 이야기는 하지 않는다. 다섯 가지나 여섯 가지가 되면 상대의 의식이 분산되기 때문이다. 최대 세 가지, 가능하다면 두 가지 정도로 압축하는 쪽이 상대가 집중하기 편하다.

결론을 제시하고 이야기하면 최종적인 '결론'이 보이기 때문에 그로부터 역산을 하여 의견을 구성할 수 있다는 장점이 있다. 이야기는 '최대 세 개로 압축한다'는 것을 꼭 기억해두자.

07
목적이 어디에 있는가?

**목적은 어디까지나 상대가 이기도록 만드는 것이다.
'승-패'의 관계가 아니라 '승-승(Win-Win)'의 관계다.**

나는 항상 '장점을 키우는 방법'을 염두에 두고 있으며 칭찬의 명인이 되고 싶다. 물론 때로 엄한 지적도 하지만 상대의 자존감을 깎아내리는 말이나 상대를 부정적으로 몰아가거나 마음에 상처를 주는 말은 절대로 하지 않는다.

그 대신 명확하게 요구를 한다. "이렇게 해주면 좋겠다.", "나는 이런 것을 원한다."라고 말한다. 단, 이 모든 것의 목적은 어디까지나 상대가 이기도록 만드는 것이다. '승-패'의 관계가 아니라 '승-승(Win-Win)'의 관계다. 그렇게 하기 위해 다른 때보다 엄격해지는 경우도 있다.

"상대를 행복하게 하기 위해."

"상대를 성공시키기 위해."

"오직 상대를 위해."

이것이 바로 프로가 가져야 할 기본 자세다.

08
적절한 비유를 준비했는가?

**표면상의 개념만으로 설명하기보다
구체적인 비유를 들어 설명을 해야 전달력이 높다.**

공명과 공감을 부르는 대화의 포인트는 '구체성'이다. 흔히 세일즈 교육에서 사용되는 비유 중 '아프리카로 간 신발 세일즈맨 이야기'가 있다.

두 명의 신발 세일즈맨이 아프리카로 신발을 판매하러 갔다. A사의 세일즈맨은 맨발로 걷고 있는 현지인들을 보고 이렇게 생각했다.

"여긴 아냐. 이 시장에는 승산이 없어. 여기서는 신발을 절대로 팔 수 없어."

그는 이렇게 판단하고 즉시 본사로 돌아가버렸다.

B사의 세일즈맨은 같은 광경을 보고 이렇게 생각했다.

"됐어! 이 시장은 무한대야!"

그는 이렇게 판단하고 본사에 흥분한 목소리로 연락을 했다.

"엄청난 시장을 발견했습니다. 지금 당장 신발 5천 켤레를 보내주십시오. 저는 한동안 돌아가지 못할 것 같습니다."

현실은 맨발로 걷고 있는 사람들이 있었을 뿐이다. 그 광경을 A사의 세일즈맨은 부정적인 시각으로, B사의 세일즈맨은 긍정적인 시각으로 본 것이다.

지금은 아프리카에 가면 신발을 신지 않은 사람을 보기가 더 어렵다. 신발은 발을 보호해주는 중요한 물건이기 때문에 한번 신어보고 그 편리함을 깨달으면 더 이상 맨발로 다니지 않게 된다. 이것은 당연한 논리다.

나는 세일즈에서 '잠재 고객을 개척할 때의 장애나 두려움'은 세일즈맨 자신의 '사고의 틀'에 있다는 사실을 깨닫게 하기 위해 늘 이 비유를 사용한다. '사실은 하나, 해석은 무한대'라는 사실을 구체적으로 가르쳐주는 비유다.

표면상의 개념만 전달하려고 하면 상대는 이해하기 어렵지만, 비유를 들어 설명을 하면 상대는 쉽게 이해한다.

상대가 가진 '사고의 틀'을 바꾸고 싶을 때에는 '술고래 아버지 밑에서 자란 쌍둥이 형제' 이야기도 비유로 사용하는 경우가 간혹 있다.

어느 지역에 쌍둥이 형제가 있었다. 그들의 아버지는 술고래로 가정을 전혀 돌보지 않는 사람이었다. 형제는 열악한 가정환경에서 폭력적인 아버지를 두려워하며 자랐다. 훗날 어른이 된 형은 아버지와 마찬가지로 술고래가 되어 집안을 풍비박산 내고, 파멸적인 인생을 살게 되었다. 그에 비하여 동생은 알코올의존증 전문 의사로서 멋진 가정을 구축하고, 축복받는 일생을 보내게 되었다.

어떤 사람이 형제에게 똑같은 질문을 던졌다.

"당신은 왜 이런 인생을 보내게 되었다고 생각합니까?"

전혀 다른 인생을 보내고 있는 두 사람은 묘하게도 똑같은 대답을 했다.

"그런 아버지 밑에서 자라면 당연히 이런 인생을 보낼 수밖에 없지요."

인생은 그 사람의 '판단, 선택, 책임'의 반복으로 성립된다. 나는 "인생은 선택이다!"라는 사실을 전달하기 위해 이런 비유를 사용한다.

프로와 아마추어의 차이는 이야기를 듣는 대상인 상대에게 얼마나 잘 어울리는 이야기를 할 수 있는가에 달려 있다. 그렇게 하려면 항상 상대가 이해하고 공감할 수 있는 비유나 실제 사례들을 준비해두어야 한다.

09
분위기를 제대로 읽고 있는가?

**상대의 마음의 움직임을 간파하지 못하는 사람은
상대가 보내는 신호를 잡아채기 어렵다.**

말을 해야 할 시기가 있고 말을 해야 할 장소가 있다. 그 자리의 분위기를 잘못 읽으면 때로 큰 타격을 입는다. 인간관계가 좋은 사람들은 모두 그 자리의 분위기를 읽는 데에 능숙하다.

하지만 세상에는 감성이 부족한 사람들이 정말 많다. 통화를 하고 있는데 스스럼없이 들어와 "잠깐 이야기 좀 할 수 있을까?" 하고 일방적으로 말을 거는 사람, 미팅 룸에서 부하 직원의 개인적인 고민을 진지하게 듣고 있는데 쾅쾅거리며 노크를 하고 들어와 "죄송합니다. 지금 외출해야 하는데 10분만 시간 좀 내주실 수 있겠습니까?" 하고 자신의 형편이나 사정을 우선하는 사람, 그 자리의 분위기를 전혀 읽지 못하는 '난처한 사람들'이다.

예전에 내가 세일즈 매니저로 일하고 있을 때 다른 사람보다 몇 배나 많은 노력을 하고 열심히 뛰어다니는데도 전혀 실적이 오르지 않는 직원이 있었다. 이해할 수 없었다. 커뮤니케이션은 배운 대로 잘하고 있었고 능력이 뒤떨어지는 것도 아닌데 실적을 올리지 못하는 것이다. 그 이유가 궁금하고 어떻게든 도와주고 싶다는 생각이 들어 어느 여름날 집으로 불렀을 때, 그 수수께끼가 풀렸다.

그는 방으로 들어서자마자 갑자기 냉장고를 열더니 컵에 보리차를 따르고 "매니저님, 한 잔 마셔도 되지요?"라고 말했다. 그 순간은 "어라? 이 사람 좀 이상한데⋯." 하는 생각이 들었을 뿐이다.

잠시 후, 그를 어떻게든 성공시키고 싶다는 생각에 진지하게 일에 대해 이야기를 하는 도중에 그가 내 담배를 하나 꺼내더니 입에 물고 불을 붙이려다가 "아, 매니저님. 담배 한 대 피워도 되지요?"라고 뻔뻔하게 말하는 것이었다.(나는 담배를 끊은 지 30년이 넘지만 당시에는 피우고 있었다.)

그제야 '이 사람이 실적을 올리지 못하는 이유는 여기에 있어!'라는 생각이 들었다. 상대의 얼굴이 보이지 않는 짧은 전화 통화에서 상대의 마음의 움직임이나 기색을 간파하지 못하는 사람은 상대가 보내는 신호를 잡아채기 어렵다. 대화 상대도 자연스럽게 지루해져서 "아니, 됐습니다." 하고 전화를 끊어 버린다. 그렇게 실적이 날아가는 것이다.

나는 "자네는 세일즈에는 어울리지 않는 것 같아."라고 말했다. 좀처럼 입에 담지 않는 말이다. 감성이 둔한 사람은 상당히 고통스러운 체험을 하지 않는 한 나아지기 어렵다. 감성은 곧 그 사람의 지각, 세상에 대한 견해이며, 그것을 바꾸는 것은 쉬운 일이 아니다.

그러나 후일담이 있다. 그는 결국 세일즈에는 맞지 않아 회사를 그만두었지만 전기 회사에 재취업하여 큰 성공을 거두었다. 원래 한 가지 일에 최선을 다해 노력하는 사람이라 그 일이 적성에 맞았던 것이다.

분위기를 읽지 못하면 상대의 마음을 움직이기 어렵다는 것을 잘 보여주는 사례다.

10
당신의 가치를 어떻게 증명하는가?

'이 사람은 내게 도움이 되는 존재다.'라고 생각해야
상대는 비로소 들을 자세를 갖춘다.

"사람은 외부 정보에 의해 움직이는 것이 아니다. 내부 유전자
의 지시를 따라 움직이는 존재다."

1장에서 설명한 윌리엄 글래서 박사의 말이다. 사람은 자신
이 원하는 것을 손에 넣기 위해 행동하는 존재다.

'상대가 원하는 것을 주고 자신이 원하는 것을 손에 넣는
기술', 이것이 프로의 기술이라고 나는 늘 말해왔다. 상대가
원하는 이야기를 할 때 생각해야 하는 점은 자신이 상대에게
가치 있는 존재로 받아들여질 수 있는 '바탕'을 만드는 것이
다. 상대에게 '이 사람은 내게 도움이 되는 존재다.'라고 생각

하게 하지 않으면 상대는 들을 자세를 갖추지 않는다. 당연한 이야기다.

들을 자세가 갖추어져 있지 않은 사람에게는 아무리 열심히 이야기를 해도 시간 낭비다. 따라서 다음과 같은 네 가지 단계를 밟아 그 바탕을 만들어야 한다.

STEP 1_ 호감도를 높인다

"나는 당신에게 이런 공헌을 하고 싶다."라는 마음을 가지고 성실하게 상대의 호감을 끌어올림으로써 상대가 들을 자세를 갖추게 한다.

STEP 2_ 상대의 바람을 파악한다

상대가 "어떻게 하고 싶은가?", "무엇을 원하는가?"를 이해할 수 있는 질문을 던짐으로써 상대의 마음을 파악한다.

STEP 3_ 사실을 직시하게 한다

"지금 무엇을 하고 있는가?", "지금까지 어떤 일을 해왔는가?" 하는 '사실'에 초점을 맞추어 이야기한다. "어떻게 느끼는가?", "어떻게 생각하는가?" 하는 해석과는 다르다.

상대가 원하는 것과 실제로 하고 있는 노력의 차이를 본인
이 깨닫게 함으로써 자기평가를 하도록 만든다. 원하는 것과
현실과의 괴리가 크면 클수록 그 사람은 좌절감 때문에 고민
하고 있을 것이다. 그 차이를 메울 수 있는 정보를 제공하면
상대는 당신의 말에 귀를 기울일 것이다.

서로의 바람이 만나야
인생이 풍요롭다

서로의 바람을
받아들인다

상대가 바라는 것을 자신의 바람으로 받아들여
양방향으로 소통할 수 있어야 한다.

'사람의 마음을 이해한다.', '자신의 마음을 상대에게 전달한다.', '의사소통을 통해 서로가 원하는 최종 성과를 달성한다.', 이것이 비즈니스에서의 커뮤니케이션 능력이다.

인생의 목적은 행복해지는 것이다. 그러나 그 주제는 사람들마다 다르다. 커뮤니케이션 능력을 높인다는 것은 서로의 욕구를 충족시키면서 서로가 바람직한 성과를 올릴 수 있는 교류 방법을 배우는 것이다. 즉, '외적 컨트롤' 식의 접근법이 아니라 이 책에서 지금까지 설명해온 '내적 컨트롤' 식의 접근법이다. 이번 장에서는 상대의 마음을 여는 전달력을 갖추기 위한 마음가짐과 방법을 회사나 조직 안에서의 인간관계를 통해 더욱 구체적으로 소개해보고자 한다.

사람은 누구나 무의식적으로 '나는 옳다'고 믿고 있다. 바로 이런 전제가 상대의 마음을 여는 데 장애가 된다. 우선 상대의 입장에 서서 들어야 한다. 그다음에 자신이 하고 싶은 말을 잘 정리해서 전달한다. 커뮤니케이션을 잘하는 사람을 머릿속에 그려보면 부드러움, 너그러움, 배려, 경청이라는 말들이 떠오른다. 독선이 아니라 상대의 이야기를 잘 듣는 것이다.

다른 사람의 마음을 이해하는 데 필요한 트레이닝은 어떤 것일까? 대화를 하면서 서로의 이미지를 맞추어간다는 생각으로 질문을 하고, 상대로부터 정보를 얻어 서로가 바람직한 성과를 올릴 수 있는 가설을 구축한다. 지각 수준을 잘 맞추는 사람은 커뮤니케이션 능력이 뛰어나다. 이쪽에서 알아야 하는 것은 상대가 생각하는 것, 상대가 원하는 것이다.

울림은 공감을 만들어낸다. 마음을 울리는 대화의 기술이란 일방적으로 무엇인가를 전달하는 것이 아니라 상대가 바라는 것을 자신의 바람으로 받아들여 양방향으로 소통을 하는 것이다. 상대의 바람에 초점을 맞추고 있을 때에는 어떤 사람과도 원만한 소통을 할 수 있다.

나는 강연을 의뢰받았을 때 반드시 주최하는 사람에게 "수강자들은 어떤 분들입니까?", "그들은 무엇을 바라고 제 강연을 들으러 오는 것입니까?"라는 질문을 한다. 지식이 많다고 우수한 강연자가 되는 것은 아니다. 때로 독선에 빠질 수 있기 때문이다. 능력 있는 스피치 전문가일수록 듣는 능력이 뛰어나며 상대의 바람을 이해하기 때문에 듣는 사람에게 공감을 얻어낼 수 있다.

서로가 성장할 수 있는
기회를 포착한다

**믿고 행동하고, 행동을 통해서 성과를 올리면
자신감이 생기고 신념이 형성된다.**

관리직에 앉으면 다양한 욕구를 가진 부하 직원들을 하나의
성과를 위해 응집시켜서 업무를 진행해야 한다. 일을 빨리 이
해하는 부하 직원도 있고, "왜 이런 걸 해야 하는 것일까?" 하
고 의문을 품는 부하 직원도 있다.

　앞에서 설명한 대로 사람은 자신의 욕구를 충족시키는 '이
미지'를 현실 세계에서 기대하고 행동한다. 그리고 그 이미지
를 손에 넣지 못하면 혼란을 느낀다. 그렇기 때문에 나조차도
부하 직원에 대해 "좀 더 노력해주었으면…" 하는 감정을 느
끼는 것이다. 자신이 생각해놓은 '이미지' 때문에 목표를 달성

하지 못한 부하 직원에게 "왜 노력을 하지 않는 거야?" 하고 꾸짖을 때도 있다.

그러나 부하 직원의 '좋은 세계'에 들어가지 않고서는 성과를 올린다는 것과 그것을 위해 일을 한다는 것에 대한 견해차가 발생하여 관계가 악화될 뿐 아니라 팀으로서의 응집력도 떨어진다.

사람은 각자의 욕구를 가지고 있기 때문에 어떤 상황일지라도 그런 차이에 의해 충돌이 일어날 수밖에 없다. 그 충돌을 부정적으로 포착하는 것이 아니라 서로 창조성을 발휘하여 문제를 해결하고 성장할 수 있는 기회로 포착해야 한다.

계획이 뜻대로 진행되지 않아 문제가 발생하거나 예상했던 것보다 훨씬 더 많은 시간이 걸리는 경우도 있다. 계획을 수정할 때에는 '변명할 기회'를 만들지 말아야 한다. 변명을 하는 이유는 '책임으로부터 도망치기 위해서'다.

이때 초점을 맞추어야 하는 것은 과거가 아니라 현재다. 즉, 뜻대로 진행되지 않은 '이유'를 문제 삼지 않는다는 것이다. 일을 성사시키려면 과거에 초점을 맞추어 "왜 할 수 없었을까?"를 따지는 것이 아니라 '무엇을', '언제' 할 것인지 프로세스를 구체화하는 미래 지향적인 질문을 해야 한다. 그것이 목표를 달성하는 데 훨씬 효과적이다.

변명을 하는 사람일수록 다른 사람의 변명에 대해서도 너그럽다. 상사가 변명을 하지 않는 직장에서는 부하 직원도 책임을 회피하지 않는다. 직장에서 변명을 없애고 따뜻한 인간관계 속에서 목표를 달성하려면 우선 상사부터 책임감을 가져야 한다.

물론 매일 바쁜 일에 쫓기는 상황 속에서 부하 직원이 성장하기를 바라다 보면 자기도 모르게 "왜 시키는 대로 하지 않는 거야?"라고 화를 내거나 직접 하는 쪽이 훨씬 빠르다는 이유로 혼자 끌어안고 무리하게 일을 할 수도 있다. 그러다가 부하 직원과 커뮤니케이션을 도모하기 위해 술자리를 마련한다고 하자. 뜻하는 대로 일이 풀릴까? 그 자리에 아무도 오지 않는 상황이 발생할 수도 있다. 독선적으로 일을 처리해온 결과는 인간관계의 단절이다.

어떻게 하면 부하 직원과 원만한 커뮤니케이션을 주고받으면서 연대감이 있는 팀을 만들 수 있을까? 윌리엄 글래서 박사는 《퀄리티 스쿨(Quality School)》이라는 책에서 보스와 리더의 차이에 관하여 다음과 같이 설명했다.

- 보스는 부추기고, 리더는 이끌고 간다.

- 보스는 권위에 의존하고, 리더는 협력에 의존한다.
- 보스는 '나'라고 말하고, 리더는 '우리'라고 말한다.
- 보스는 두려움을 이끌어내고, 리더는 확신을 육성한다.
- 보스는 원한을 만들어내고, 리더는 열정을 만들어낸다.
- 보스는 꾸짖고, 리더는 잘못을 바로잡는다.
- 보스는 일을 단순화하고, 리더는 일을 흥미롭게 만든다.

평소 부하 직원에 대한 자신의 태도는 리더에 해당하는가, 아니면 보스에 해당하는가. 부하 직원의 입장에서 볼 때 나는 어떤 존재일지 한 번쯤 생각해보자. 쑥스러운 느낌이 들 수도 있지만 부하 직원이 어떻게 느끼고 있는지 직접 물어보는 것도 좋은 방법이다. 사람들 각자가 다른 생각을 가지고 있고 개성도 다르기 때문에 각자에 맞는 커뮤니케이션을 도모해야 한다.

부하 직원과 원활한 커뮤니케이션을 주고받는다고 해도 인간관계만을 중시하는 것이 아니라 어떤 면에서는 부하 직원이나 후배의 자립을 지원하는 냉엄함도 갖추어야 한다. 자신감은 타인이 제공해줄 수 있는 것이 아니기 때문이다.

자신감이란 본인이 노력한 결과로 실감할 수 있는 것이다. 믿고 행동하고, 행동을 통해서 성과를 올리면 그로 인해 자신감이 생기고 신념이 형성되어간다. 그렇게 될 수 있는 구조를 만드는 것이 매니지먼트의 본질이다. 그 안에서 자기실현을 해가는 부하 직원의 모습을 보면 누군가의 가능성을 이끌어 낼 수 있다는 즐거움, 혼자서는 맛볼 수 없는 일에 대한 즐거움을 발견할 수 있다.

두려움을 제거하고
의욕을 일깨운다

어떻게 해야 부하 직원을 유능하게 만드는가
하는 것이 모든 매니지먼트의 출발이다.

"부하 직원에게 주의를 주면 침울해한다. 있는 그대로를 인정해주어야 한다는 사실은 알고 있지만 노력이 부족한 것을 보면 감정적으로 부하 직원을 인정할 수 없다."

부하 직원을 두고 있는 사람들은 이런 기분을 느낀 적이 있을 것이다. 때로는 초조해서 부하 직원을 감정적으로 대했다가 나중에 돌이켜보고 자신의 대응을 후회한 적도 있을 것이다.

직원 육성이나 매니지먼트에 관해서는 책이나 여러 매체를 통해 많은 정보를 얻을 수 있다. 그렇다면 부하 직원에게 실망하거나 화가 났을 때는 어떻게 대처하는 것이 바람직할까?

매니지먼트에서 중요한 것 중 하나가 직장에서의 두려움을 제거하는 것이다. 부하 직원의 머릿속에 두려움이 있을 때는 일에 있어서도 시키는 대로만 움직이고 회사에 대해서도 소속 감을 갖기 어렵다.

각자의 가능성을 최대한 이끌어내 조직의 목적과 목표를 달성하려면 부하 직원이 무엇에 대해 두려움을 끌어안고 있는가를 알아야 한다. 그렇게 하기 위해 상사인 자신이 부하 직원으로 하여금 두려움을 느끼게 하는 행동은 하지 않았는지 반성해보아야 한다.

"부하 직원의 실수에 대해 개선하도록 피드백만 하는 것이 아니라 과거의 실수를 끄집어내 이야기한다.", "자신과 의견이 다를 때 부하 직원을 비판한다.", "부하 직원의 의욕이나 성과에 대해 인정해주지 않는다." 등등 생각나는 대로 열거해보자.

또 목적을 돌아보는 것도 중요하다. 부하 직원에게 무엇을 원하고 있는지 물어보자. 부하 직원은 자신의 손발이 아니다. 스스로 생각하는 능력이 부족한 부하 직원에게는 해답을 도출해낼 수 있는 정보를 주고, 스스로 생각하고 해답을 도출해 낼 수 있는 부하 직원에게는 일을 주체적으로 처리할 수 있도록 책임을 맡긴다. 상대에 맞추어 일을 맡기는 방식 또한 바꾸어야 한다.

상대의 마음에 울림이 전달되지 않는 것은 다음의 네 가지 이유 때문이다.

- 상대가 원하지 않는 정보를 제공하고 있다.
- 어려운 표현을 하고 있다.
- 전달하는 타이밍이 잘못되었다.
- 상대의 배경이나 상황을 이해하지 못하고 있다.

세 살배기 아이와 마흔 살 성인에 대한 커뮤니케이션이 다르듯 상대에 맞는 화술을 사용해야 전달하고 싶은 내용을 확실하게 전할 수 있다.

부하 직원의 고민 상담을 들었을 때는 어떻게 대답해야 좋을까? 우선 상담을 요청해온 것에 대해 감사하라. 질문이나 상담 내용에 따라서는 상대의 사고의 깊이, 관점을 볼 수 있다. 둥근 구멍에는 둥근 말뚝을 박아야 한다. 상대의 관점이나 생각을 존중하면서 적절하게 지원하고 의욕을 가지고 도전할 수 있게 해야 한다.

누구나 정신적으로나 물질적으로 풍요로운 인생을 살기 바란다. 그렇게 하는 방법이나 구조를 만들어주는 것이 상사의 일이다. 그러한 구조 안에서 부하 직원은 노력을 통해 자기실현을 해나간다.

매니저먼트 능력이 부족한 사람은 부하 직원에게 의욕을 심어줄 수 없다. 본인의 욕망이 앞서기 때문에 타인을 억압하려 한다. 어떻게 해야 부하 직원을 유능하게 만드는가 하는 것이 모든 것의 출발이다. 그렇게 생각하면 그 방향으로 지혜가 나오고 지원도 할 수 있다.

사람은 좋을 때도 있고 나쁠 때도 있다. 자신에게만 유리한 이야기는 아무리 좋게 말해도 상대에게 전달되지 않는다. 상대의 바람을 충족시키는 것을 자신의 바람으로 삼아야 한다. 물론 상대를 위해 이야기를 해도 대부분의 사람은 자신에게 유리한 부분만 받아들이려 한다. 자신의 생각에 부합하는 것만 납득하려는 것이다.

다른 사람의 평가에 초점을 맞추지 말고 보다 나은 성과를 함께 구축한다는 목적으로 일관성 있게 자신의 뜻을 전달해야 한다. 누구나 행복해지고 싶고 풍요로워지고 싶어 한다. 모두가 원하는 것을 전달하면 공감대가 형성된다.

무능한 후배에게 주의를 주었는데 모든 일에 지나치게 눈치를 보는 경우가 있다. 어떻게 해야 마음을 터놓고 이야기할 수 있을까? 부하 직원을 육성하려면 시간이 걸린다. 교사가 공부를 못하는 학생에게 무조건 "공부해!"라고 말하지 않듯, 우선 함께 시간을 보내면서 상대가 좋아하는 것을 가르쳐주어야 한다.

상사는 부하 직원의 실적에 흥미가 있다. 그러나 부하 직원의 입장에서는 실적을 지적하지 않기를 바란다. 이런 경우는 시키는 대로 일을 하고 있다고 생각하기 때문에 의욕이 생기지 않는다. 이때는 연대감을 높이는 것이 필요하다. 좋은 상사라면 부하 직원이 스스로 상담을 신청해올 수 있도록 마음의 거리를 줄이는 데에 주력해야 한다.

부하 직원이 성장할 때까지 상사는 그의 실적을 관리해주어야 한다. 그리고 성과가 나오면 각자의 노력을 인정해주어야 한다. 애정을 가지고 마치 자식을 대하듯 부하 직원으로 하여금 자신감을 갖추게 하는 것이 중요하다.

"자네에게는 늘 감사하고 있어."

"고생 많았어."

"지금 잘되고 있지?"

"내가 도와줄 일은 없나?"

"언제든지 힘이 되어줄 테니까 자신감을 가져."

"함께 잘 해보자고."

나는 평소에 이런 말을 자주 한다. 그러나 가식적인 칭찬은 최악의 결과를 낳는다.

이렇게 말하면 이렇게 대응할 것이라고 예상하는 말이 아니라 진심으로 상대가 원하는 말을 해주어야 한다. 누구나 인정을 받으면 기분이 좋다. 단, 상대가 어떻게 생각할 것인지를 생각해야 한다. 평소 옷 입는 센스가 부족한 사람에게 "오늘 복장은 센스가 있는데!"라는 칭찬을 듣는다고 해보자. 별로 기쁘지는 않을 것이다. 인정을 받고 싶어 하는 사람에게 인정을 받아야 기분이 좋다. 여기서의 핵심은 '사실'을 말하는 것이다. 아침 일찍 출근한 부하 직원이 있다면 "매일 아침마다 한 시간 일찍 출근을 하다니 정말 대단해. 일에 대한 의욕이 확실하게 갖추어져 있는 것 같아."라고 사실을 언어화하는 것이 상대의 의욕을 향상시키는 비결이다.

경의를 가지고
상대를 존중한다

**사람은 자신에게 관심을 기울여주는
사람에게 호감을 가진다.**

사람은 누구나 자존심이 있다. 그렇기 때문에 항상 경의를 가지고 상대를 존중해야 한다. 첫 대면을 하는 자리에서는 우선 상대를 이해하기 위한 질문을 하는 것이 좋다. 왜 이곳에 왔는지, 행사 주최자와는 어떤 관계인지, 공감할 수 있는 부분, 직업, 출신, 취미, 친밀하게 지내는 사람, 어떤 것이건 관계없다. 자신과의 접점을 발견할 수 있도록 노력하는 것이다.

질문을 해서 대답을 들었다면 사이를 두지 않고 다음 질문을 한다. 이것을 되풀이하여 서서히 분위기를 달구어간다. 사람은 자신에게 관심을 기울여주는 사람에게 호감을 가진다.

상대가 일방적으로 이야기할 때는 들어주면 된다. 들어주지 않으면 말이 끊긴다. 또 상대로부터 질문을 받는다면 솔직하게 대답해야 한다.

"저는 이런 일에서 성과를 올렸습니다."

"이런 사람과 친해지고 싶습니다."

자기주장만 해서는 상대가 공감해주지 않는다. 항상 자기보다 한 단계 위에 있는 사람과 대화를 한다는 생각으로 성실하게 상대를 배려하면서 이야기하는 것이 인정을 받을 수 있는 비결이다.

나는 나를 만나는 사람에게 손해를 끼치지 않겠다는 마음이 강하기 때문에 항상 상대가 원하는 것을 실현시키는 데 도움을 줄 수 있는 입장을 취한다. 때로는 내가 납득할 수 없는 일이나 몇 번이나 같은 이야기를 되풀이해서 듣는 경우도 있지만 그런 경우에도 상대의 체면을 손상시키는 말은 하지 않고 "많은 공부가 되었습니다."라는 한 마디로 마무리 짓는다. 항상 서로의 행복을 빌어주는 말을 해야 한다.

덕을 가지고
활기찬 분위기를 이끈다

덕이 있는 사람일수록 상대에게 우호적이고
자신의 주변을 활기 있게 만든다.

무슨 말을 해도 냉정하게 사무적인 태도를 보이는 동료와는 어떻게 해야 거리를 좁힐 수 있을까? 모든 사람이 우호적으로 이야기하는 것은 아니다. 때로는 냉정하고 삐딱한 자세를 취하는 사람과 대화를 나누는 경우도 있다. 세상에는 친화성이 결여되어 있는 사람도 많다. 그들은 사람의 마음에 다가가려 하지 않고 모든 일을 객관적으로 분석하려는 타입이다.

상대가 그런 태도를 보인다고 해서 이쪽에서 그 영향을 받을 필요는 없다. '(자신이) 상대와의 거리를 좁히고 싶다'고 생각한다면 "어떻게 해야 사이좋은 관계를 만들 수 있을까?" 하는 마음을 가지고 웃는 얼굴로 솔직하게 대해야 한다.

이쪽에서 무슨 말을 해도 대꾸가 없어 대화가 이어지지 않는 사람도 있다. 이 경우에는 이쪽에 관심이 없는 것인지, 표현이 서투른 것인지 알 수 없기 때문에 취미나 휴일을 보내는 방법 등 대답하기 쉬운 질문을 던져보는 것이 좋다.

덕이 있는 사람일수록 상대에게 우호적이고 자신의 주변을 활기 있게 만든다. 상대가 냉정하더라도, 말이 없더라도, 나 스스로 안심하고 이야기할 수 있는 사람이 되는 것이 바람직하다.

누구에게나
내어줄 것은 있다

상대를 위해 무엇을 할 수 있는지를 먼저 생각하면
그 마음도 움직일 수 있다.

지위가 높은 사람들이 모이는 장소에서 말석에 앉아 있는 경우라면 말할 기회가 거의 없다. 조용히 앉아만 있는 것도 쉽지 않은 일인데 무슨 말을 해야 좋을까?

비즈니스 장소에서는 특히 자신의 낮은 지위가 마음에 걸릴 때가 있다. 이때는 상대에 대해 경의를 보이는 한편, 그는 많은 시행착오를 거치면서 성장했기 때문에 지금 그 위치에 있다는 사실을 인정해야 한다.

태어나면서부터 성공한 사람은 없다. 물론 머리가 좋거나 직관력이 좋은 것처럼 능력의 차이는 있다. 그러나 사회에 진출하여 성공하는 사람들의 가장 중요한 특징은 사람을 움직일 줄 안다는 것이다.

나는 집안이 가난해서 어떻게든 성공을 하겠다는 마음으로 도전해왔다. 매일이 진검승부였고 필사적으로 노력한 결과 나의 진심이 상대에게 전달되었고 협력을 이끌어낼 수 있었다. 목표를 달성할 수 있다고 믿는 그 마음이 성공 경험을 쌓게 해주었고 자신감이 형성되었으며, 그 자신감이 더 큰 도전 의욕을 일깨웠다. 그 결과 조직이 커졌고 사회적인 책임감을 갖추게 되었다.

다른 사람과 함께 힘을 합칠 수 있는 사람이 성공을 하는 것이 세상의 이치다. 자신보다 경험이 풍부하고 모든 면에서 수준이 높은 사람에게 주눅이 드는 이유는 자신에게 내어줄 것이 없다는 자의식이 존재하기 때문이다. 하지만 누구에게나 내어줄 것은 있다. 1천 원짜리 선물이라도 상관없다. 상대를 위해 무엇을 할 수 있는지를 생각하자. 상대가 바라는 것이라면 그것만으로도 높은 장벽을 허물 수 있다.

자신이 어떻게 보일 것인가에 신경을 쓸 것이 아니라 상대를 위해 무엇을 할 수 있는지를 생각한다면 사람의 마음을 움직일 수 있다.

충돌 없는 곳에는
성장도 없다

자기 자신이 컨트롤할 수 있는 것과
컨트롤할 수 없는 것을 구별해야 한다.

순조롭게 진행되고 있던 기획이 사내의 다양한 상황에 휘둘리더니 백지화되었다. 이처럼 조직에서 일을 하고 있는 이상, 좀처럼 자신의 뜻대로 일을 진행할 수 없어 문제에 직면하게 되는 경우가 많다.

'왜 나만…' 하는 생각이 드는 나쁜 흐름을 끊어버리려면 자기 자신이 '컨트롤할 수 있는(바꿀 수 있는)' 것과 '컨트롤할 수 없는(바꾸기 어려운)' 것을 명확하게 구별해야 한다.

자신이 컨트롤할 수 있는 것과 컨트롤할 수 없는 것을 어떻게 구분할 수 있을까?

☐ 자신의 표정과 언행	☐ 타인의 표정과 언행
☐ 내일의 일정	☐ 남은 작업 일수
☐ 만나는 사람	☐ 자신의 상사
☐ 사용하는 교통수단	☐ 제시간에 오지 않는 전철

자신이 할 수 있는 일은 모두 좌측에 해당될 것이다.

직장에서도 처음부터 상사와 바람직한 인간관계를 구축할 수는 없다. 자신과 미래는 바꿀 수 있지만 타인과 과거는 바꿀 수 없다. 일에 있어서는 많은 사람들과 협력하여 업무를 수행하고, 성과를 내야 한다. 모든 조건이 자신이 컨트롤할 수 있는 것은 아니기 때문에 뜻대로 컨트롤할 수 없어서 초조해지거나 갈등을 느끼는 경우도 있고 그 때문에 기분이 가라앉기도 한다.

어차피 같은 일을 계속할 바에는 기분 좋게 살아야 한다. 자신이 긍정적이고 적극적이어야 주변 사람들에게도 좋은 영향을 끼칠 수 있다. 일에서 나쁜 흐름을 느꼈을 때나 문제에 직면한 경우에는 "현재의 선택이 도움이 될까? 좀 더 나은 방법은 없을까?" 하고 자문해보자. 컨트롤할 수 있는 것에 대해 보다 나은 결과를 이끌어내기 위한 선택을 생각하고 그것을 성과나 바람직한 인간관계와 연결시키겠다는 의식을 가져야 한다.

그렇다면 개선을 거듭하여 성과를 내는 조직을 만들기 위한 효과적인 사고방식은 무엇일까? 가장 중요한 것은 상대에게 실시하는 '셀프 카운슬링'이다. 상대가 원하는 것을 명확하게 인식하게 하는 한편, 지금 무엇을 하고 있는지 자신의 행동을 관찰하고, 그 행동이 효과적인지, 아니면 보다 효과적인 방법은 없는지 생각하는 것이다.

'이런 일을 하고 싶다'는 상대의 바람을 파악한 이후에는 '실제로 지금 무엇을 하고 있는가?'와 같이 현실적으로 실행하고 있는 행동에 초점을 맞추게 한다. 그리고 '그 행동이 효과적인가?' 하는 질문으로 개선점에 초점을 맞추게 해서 실행 계획을 세우도록 한다.

부하 직원이 실수를 범했을 때에도 무조건 "도대체 이게 뭐야?"라는 식으로 꾸짖을 것이 아니라 '왜 이런 실수를 하게 되었는지', '어떻게 해야 재발을 막을 수 있는지'를 묻고 대답을 경청한다. 상대의 말을 이끌어내는 것으로 상대의 '좋은 세계'를 이해할 수 있고 원만한 인간관계를 구축할 수 있다. 비즈니스 현장에서는 감정을 차단다고 일을 할 수는 있어도 나쁜 인간관계 속에서 최고의 성과를 발휘할 수는 없다.

'○○(부하 직원 등 상대의 이름을 넣는다)'은
지금 무엇을 원하고 있는가?

그렇게 하기 위해 '○○'은
'지금' 무엇을 하고 있는가?

그 행동은 '○○'이 원하는 것을
손에 넣는 데 효과적인가?

보다 나은 방법을
생각하고 실행하게 한다.

셀프 카운슬링은 모든 인간관계에 적용할 수 있다. 또 이 구조를 의식함으로써 충돌이 적은 바람직한 인간관계를 바탕으로 목표 달성을 위해 방향의 수정과 개선을 이루어나갈 수 있다. 단, 충돌 자체를 부정적으로만 볼 것이 아니라 조직이 진화하고 성장해가려면 꼭 필요한 것으로 받아들여야 한다. 바꾸어 말하면 충돌이 없는 곳에는 성장도 없다. 이 점을 잊지 말자. 의견 차이가 있더라도 서로가 보다 나은 상태가 될 수 있도록 의사소통을 도모하도록 하자.

이 책을 통하여 내가 전하고 싶은 것은 '다른 사람들이 원하는 것을 주고 자신이 원하는 것을 손에 넣는 기술'이다. 이것이야 말로 '커뮤니케이션'의 가장 기본이고, 내가 말하는 '울림 있는 전달력'이다.

자신을 소중하게 여기는 마음이 없으면 다른 사람을 소중히 여길 수 없다. 우선 자신을 소중하게 여기고 일정한 수준으로까지 자신의 가치를 높이도록 하자. 그렇게 하면 자신이 배워온 것, 자신이 가진 것을 다른 사람에게 전달해야 할 시기가 반드시 찾아온다.

인생은 눈앞의 이해득실로 살아가는 것이 아니라 장기적인 관점으로 설계하며 살아가야 한다. 그 중요성을 독자들이 깨닫기를 바란다.

내가 창업한 어치브먼트 주식회사도 벌써 창립 30주년이 넘었다. 창업 때부터 함께해준 많은 사원들에게 이 자리를 빌려 감사의 말을 전하고 싶다. 또 프로 스피커라는 어려운 직업을 선택했을 때부터 힘든 상황들을 이겨내도록 곁에서 함께해준 가족들에게도 감사한 마음을 전한다.

이 책을 정리하는 데 어치브먼트출판의 편집자들에게 많은 도움을 받았다. 그리고 이 책을 편집하는 과정에서 마음을 터놓고 지내는 친구이자 ㈜아방가르드의 대표인 도다 사토루(戸田覺) 씨에게도 많은 도움을 받았다. 진심으로 감사를 드린다. 그리고 전국에서 어치브먼트 주식회사의 연수를 수강하고 있는 사람들에게도 깊은 감사의 말씀을 드리고 싶다.

마지막으로 이 책을 선택해서 끝까지 읽어주신 독자 여러분께도 진심으로 감사를 드린다. 여러분 덕분에 나의 오늘이 존재한다고 생각한다. 부디 앞으로도 오랫동안 독자 여러분과 좋은 인연이 이어지길 바란다.

아오키 사토시

울림이 있는 말의 원칙

초판 1쇄 인쇄 2019년 6월 24일
초판 1쇄 발행 2019년 6월 28일

지은이 | 아오키 사토시
옮긴이 | 이정환
펴낸이 | 한순 이희섭
펴낸곳 | (주)도서출판 나무생각
편집 | 양미애 백모란
디자인 | 박민선
마케팅 | 이재석 한현정
출판등록 | 1999년 8월 19일 제1999-000112호
주소 | 서울특별시 마포구 월드컵로 70-4(서교동) 1F
전화 | 02)334-3339, 3308, 3361
팩스 | 02)334-3318
이메일 | tree3339@hanmail.net
홈페이지 | www.namubook.co.kr
트위터 ID | @namubook

ISBN 979-11-6218-065-5 03190

이 도서의 국립중앙도서관 출판예정도서목록(CIP)은 서지정보유통지원시스템 홈페이지
(http://seoji.nl.go.kr)와 국가자료공동목록시스템(http://www.nl.go.kr/kolisnet)에서
이용하실 수 있습니다.(CIP제어번호: CIP2019020480)